22歳からの社会人になる教室 1

齋藤孝が読む カーネギー『人を動かす』

HOW TO WIN FRIENDS AND
INFLUENCE PEOPLE

齋藤 孝

創元社

はじめに

デール・カーネギーの『人を動かす』は世界的なロングセラーです。世界各国で翻訳されていて、日本語で翻訳されたものだけでも５００万部を突破しています。原著は１９３６年に初版が出版され、日本語訳は１９３７年に抄訳が、１９５８年に完訳が出版されています。

どうしてこんなに長くベスト・アンド・ロングセラーになっているのかというと、この分野のテーマに関して、これをおさえておけば間違いないという基本が書かれているからです。つまり人間関係の基本書が『人を動かす』といっていいでしょう。

この本は高校生や大学生のとき読んでも、それほどピンとこないかもしれません。なぜなら学生時代は、友人関係以外で本質的に悩むことがないからです。

しかし高卒の方なら18歳、大卒者なら22歳で社会に出ると、状況が一変します。今までのように気が合う人とだけつきあっていればいい環境ではありません。人間関係を築く力が求められてくるのです。

社会に出れば、みなさんは世間的には大人だとみなされます。しかし社会経験はまだ未熟ですから、子どもっぽいところもあります。社会に出て10年くらいして、ようやく本格的な大人になれるのではないか、と個人的には思います。

そうなると、大人になるまでの10年間、大卒の方だと22歳から32歳までの間に人間関係をうまく築けないと、会社をやめてしまう人も出てきます。

会社をやめる理由のいちばん大きなものが人間関係といわれていますから、それを築く力がないと、ほかの組織に行っても同じことが起きます。人間関係を築く力は一生ついてまわるのです。

では会社ではなく、フリーランスならいいのかと考えるかもしれませんが、フリーランスだからこそ、人間関係を築く力がないと仕事がまわってきません。

人間は社会的な動物なので、そこから切り離されると、自尊心が保てませんし、収入も得られないのです。そうした人間関係の悩みに応えるのが、この本です。

『人を動かす』の原題は『How to Win Friends and Influence People』です。直訳すると「いかにして友人を獲得して、人に影響を及ぼすか」です。要するに、いかに自分にとってストレスがない人間関係を築いて、成功を得ていくのかが主眼です。

ですから友だちができないとか、顧客と関係が築けないとか、上司とうまくやっていけないなどの悩みがある方は、あらかじめこの本を読んで、この中に書かれている原則を試してみることをおすすめします。

今回『人を動かす』の原著の中から、「付録」部分を除く全30個の原則をあげましたが、原理的には似たものも含まれています。しかし一つひとつにカーネギーが示す具体的な実例やアドバイスも入っています。

自分が関心を持てるものをひとつずつこなしてみるといいでしょう。1つの原則を1週間の課題として手帳に書きつけておくのです。

たとえば「笑顔を忘れない」という原則だったら、それを手帳に書いて「今週は笑顔を忘れない週間」と命名します。そして1週間はその言葉を意識して、笑顔を心がけるということをやっていくのです。すると、原則が身についてくるでしょう。

この本の原則は一つひとつを身につけていくと、ほかの原則ともつながっていることがわかってきます。要するに基本はつながっているのです。

若いうちに基本をマスターしておけば、そのあとがひじょうに楽になります。

人間関係の悩みが心の重荷につながっていくので、それらを払拭《ふっしょく》していくことで心の安定が保てるのです。

この本がこれほど長く読み継がれている理由も、たしかな効果と共感があったからにほかなりません。何しろ日本だけでも、５００万人の人がこの本を読み、人生に役立てているのです。みなさんも５００万人の実績を信じて、この本を活用してください。


ただし原著は先述したように１９３６年に発行されたものです。その後、改訂版が出されているとはいえ、当時のアメリカの古い時代の例も多く、現代にそぐわない箇所もあります。今回は一部を私が現代の日本の例に置き換え、よりみなさんに近い形で再編することにしました。

また各原則の最後には、原著に書かれている〈人を動かす原則〉を付記しましたが、それを身につけるために必要だと思われる〈具体的な習慣〉を私が付け加えています。復習として再確認してください。

若いみなさんがカーネギーの有名な本を読んで、ストレスに飲み込まれない強いメンタル力をつけ、良好な人間関係を築く力を身につけていただけたら幸いです。

【もくじ】

第三章●人を説得する12原則

第四章 人を変える9原則 141

原著『人を動かす』について

原著の『人を動かす』(『How to Win Friends and Influence People』)は1936年にアメリカで出版されました。当初はわずか3000部しか印刷されませんでしたが、発売と同時に大きな反響を呼び、またたくまに大ベストセラーになりました。

半世紀を経た今でも、世界中の人々に読み継がれています。

その原著を、現在の日本社会に置き換えて読み解いたのが本書『齋藤孝が読む　カーネギー「人を動かす」』です。対象を社会人になりたての若者にしぼり、社会でリーダーシップを発揮しながら、これからの人生を豊かに築く方法について述べています。

『人を動かす』の著者のデール・カーネギー(Dale Carnegie)は1888年、アメリカのミズーリ州の農家に生まれました。

教師をめざして州立の学芸大学に入りますが、卒業後は中古車や教材のセールスなどさまざまな職業を転々とし、一時期は役者をめざしたこともあったようです。

苦労の多い人生に転機が訪れたのは１９１２年、サイドビジネスで始めた話し方講座の講師の仕事についたときでした。ＹＭＣＡの夜間学校での授業が評判となり、人気講師となって、人材教育の仕事を天職とするようになったのです。

しかし受講生に切実に求められていたのは、話し方より対人関係の技術でした。当時はそれに適した教材がなかったので、カーネギーは自前で教材をつくって用意します。最初はたった１枚のカードでしたが、次にリーフレット、小冊子へと分量を増やしていき、増補と改良を加えました。

教材にのせる実例を集めるために、各界の名士や実業家にインタビューしたり、図書館での文献調査にも力を注ぎました。

そして、自前の教材と講義録をもとに出版したのが『人を動かす』だったわけです。時間をかけて集めた事例や自身の経験をまじえ、膨大な年月をかけてできあがったこの本は、時代を超えて普遍性を持つ「人間関係の基本書」として世界中の人々に読み継がれています。

第一章 人を動かす3原則

1

【盗人にも五分の理を認める】

人を批判したくなったら、自分に「おまえは神か」とつぶやこう

◆人を非難することは無益

社会人になったみなさんが最初に直面する壁は、上司や先輩、お客さんなど周りの人から理不尽なことを言われる、ということではないでしょうか。

しかし理不尽なことを言っている人が、それを反省することはまずない、と考えたほうがいいでしょう。

カーネギーは人を動かしたいと思ったら、まず最初に、すべては自分のせいだと考えろ、と言っています。どんな凶悪犯罪者でも、自分が悪いのではないと思っています。その人間性の本質をわかっておくと、人間関係はかなり楽になります。

人間性の本質について、カーネギーは動物を使った心理学の実験の例をあげていま

す。よいことをしたときにご褒美《ほうび》をやった場合と、間違ったときに罰を与えた場合を比べると、前者のほうがはるかに物事を覚えます。だから簡単にいうと、動物は私たち人間も含めて他人からの非難をおそれ、賞賛を強く望んでいるというわけです。

そこから導き出される結論はこうです。**みなさんが社会人になったとき、「金科玉条《きんかぎょくじょう》」にすべきは、人を非難することは無益である、ということです。**人を非難しても、その人は絶対によくならないし、反省もしません。

だとしたら非難すること自体が無意味であると心に刻んで、これからはなるべく人のあら探しをしないと決めておくと、ひじょうに楽に生きられます。

福沢諭吉《ふくざわゆきち》は『福翁自伝《ふくおうじでん》』で「喜怒《きど》色に顕《あら》わさず」と述べています。子ども時代、この言葉を知った諭吉は、素晴らしい言葉だと感銘《かんめい》を受け、以来どんなことにも一喜一憂しませんでした。喜んだときも怒ったときも、顔に出さずに心に収めようと訓練したそうです。けんかを一度もしたことがないと言っています。

みなさんも、「なんで、あの人はこんなことをしてくるんだろう」と理不尽に感じたときは、「相手は自分自身のことを決して悪いと思っていないのだから、非難しても意味がない。ひと息入れて、作戦を考えよう」と冷静に、そして戦略的にふるまってください。これが大人の人間関係のつくり方です。

カーネギーの『人を動かす』ではリンカーン大統領の例もあげています。彼が好んだ座右《ざゆう》の銘《めい》は「人を裁《さば》くな――人の裁《さば》きを受けるのが嫌なら」でした。

南北戦争のさい、リンカーンは妻や側近が南部の悪口を言うと、それをたしなめて、こう言ったそうです。「あまり悪く言うのはよしなさい。我々だって、立場を変えれば、きっと南部の人たちのようになるんだから」

興味深いのは、リンカーン率いる北軍のミード将軍が命令に従わず、戦況を一挙に好転させる絶好の機会を逃してしまったときです。落胆したリンカーンは、ミード将軍を非難する手紙を書きます。しかしこの手紙は投函されませんでした。

カーネギーは言います。おそらくリンカーンはこうつぶやいたに違いない「ちょっと待てよ」と。

これは人を動かす大きなポイントになります。いきなり誰かに反論することはせず、ひと呼吸おいて、「ちょっと待てよ」とつぶやいてみる。そうすれば人間関係の決定的なトラブルを回避できる可能性があります。

◆相手を論理の動物だと思うな

同様の例としてあげているのが、『トム・ソーヤーの冒険』の作者マーク・トウェインのエピソードです。彼は腹を立てると、相手に「君には死亡診断書が必要だ」というようなひどい手紙を送りつけてしまう人でした。

あるとき、出版社の編集長に辛辣《しんらつ》な手紙を書いたのですが、彼の奥さんが手紙を抜き取って、発送しなかったので、何の実害も生じなかった、ということです。

人に憎まれたくないなら、辛辣な批評はしないという原則が大事です。人間関係でいちばん危険なのは攻撃性です。論理的に相手をやっつけてしまい、「はい、論破《ろんぱ》!」と言った瞬間、人間関係は壊れます。相手を論破しても何も得ることはありませんから、自分で頭がいいと思っている人はとくに気をつけてください。

カーネギーはこう言っています。

「およそ人を扱う場合には、相手を論理の動物だと思ってはならない。相手は感情の動物であり、しかも偏見に満ち、自尊心と虚栄心によって行動するということをよく心得ておかねばならない」

この文章をそのまま読むと、人間を低く見ているように感じるかもしれませんが、カーネギーが言いたいのは、そう思って人間を見ておけば、気が楽になって、腹も立ちませんよ、ということです。最初は悲観的な考え方をしておいて、そこから対策を考えるというのがカーネギーの面白いところです。

◆ミスを責めても人は動かない

人が自尊心と虚栄心によって行動するのであれば、そこをくすぐれば人を容易に動かすことができます。アメリカ合衆国の建国の父と讃えられるベンジャミン・フランクリンは若いころは人づきあいが下手でしたが、のちに人を扱うのがうまくなり、外交官として活躍します。

成功の秘訣は「人の悪口は決して言わず、長所をほめること」だと彼自身が語っています。イギリスの思想家カーライルも「偉人は、小人物の扱い方によって、その偉大さを示す」と述べています。

私は教育学者なので経験的に思いますが、ミスに対して原因をネチネチ責めたてても人はよくなりません。それより「同じミスを繰り返さなければ大丈夫！」と励まし、「この仕事を頼む」と信頼してまかせたほうが向上します。

カーネギーは言います。「人を非難する代わりに、相手を理解するように努めようではないか」と。イギリスの文学者ドクタージョンソンも「神様でさえ、人を裁《さば》くには、その人の死後までお待ちになる」と言っています。

私たちも、人を裁こうとする瞬間に自分に向かって「おまえは神か」とつぶやいてみるといいでしょう。ミスしたことはしかたありません。そこはネチネチ責めずに、次はどうするのかと前を向くほうが人間関係はうまくいきます。

人を動かす原則❶

批判も非難もしない。苦情も言わない。

人を動かす具体的な習慣

- 反論するときはひと呼吸おいて、ちょっと待つ。
- 人を批判したくなったら「おまえは神か」とつぶやく。
- 怒りはなるべく顔に出さないよう、ふだんから練習する。
- あら探しより、よいところを見つける努力をする。

2

【重要感を持たせる】

みんな「いいね！」をもらいたがっているのを忘れずに

◆人から認められるのがいちばんうれしい

社会に出たばかりのころ、みなさんも切実に感じると思いますが、組織の中で認められるととてもやる気が出ます。自分が重要な存在であると認めてもらいたい欲求は、人間にとって根本的なものです。これが人を動かす推進力になります。

「人を動かす秘訣は、間違いなく、一つしかないのである。すなわち、自ら動きたくなる気持ちを起こさせること——これが秘訣だ」とカーネギーは言います。自ら動きたくなる気持ちとは、他人から認められることです。

20世紀を代表する心理学者フロイトによると、人間のあらゆる行動は2つの動機から発しているそうです。ひとつは「性の衝動」。もうひとつは「偉くなりたいという願望」、すなわち人から認めてもらいたいという欲求です。

心理学者のウィリアム・ジェイムズという人も「人間の持つ性情《せいじょう》のうちで最も強いものは、他人に認められることを渇望《かつぼう》する気持ちである」と言っています。

カーネギーは人間の欲求を8つあげています。

1　健康と長寿
2　食物
3　睡眠
4　金銭および金銭によって買えるもの
5　来世の命
6　性欲の満足
7　子孫の繁栄
8　自己の重要感

1〜7までも強いものですが、8の「自己の重要感」はめったに満たされず、ゆえにもっとも強い願望としてあらわれるというのです。

人間は社会的な動物なので、周りの評価がないと生きていけません。SNSでみん

ながあれだけ「いいね！」にこだわるのも、「人から認めてもらいたい」という人間の根源的な欲求のあらわれなのです。

こうした自分の重要性に対する欲求こそが、人をつき動かし、ひいては文明を進化させるエネルギーになっていったといえます。

◆情けは人のためならず

ところで自己の重要感を満足させる方法は人それぞれ違っています。どんな方法で満足させようとしているかで、その人間の性格が決まるとカーネギーは言います。

たとえばロックフェラーは多額の寄付をすることで、自分が重要な人物であると示そうとしました。一方、犯罪者の中には、その犯罪で世間の注目を集め、有名になろうとする者もいます。

ひどい場合になると、狂気の世界で重要感を実現する人もいます。ある精神科病院では、そこにはイエス・キリストと名乗る人が3人いたそうです。自分の重要感を渇望するあまり、狂気の世界に入ってしまうのはあまりに危険です。

重要感を得る方法の違いがポイントになるのです。

逆に考えると、人はみなそれくらい自己重要感を得たい存在なのです。ですから、もし相手にそれを与えることができれば、人はこちらの思い通りにどんどん動く、つまりどんな奇跡でも起こせるとカーネギーは言っています。

日本の言葉に言い換えると「情けは人のためならず」ということでしょうか。これは人に恩恵を与えると、その恩恵がまわりまわって自分に返ってくるという意味です。**人を認めて、重要感を持たせてあげるのは、結局自分自身を認めてもらうことにもなります。**

「情けは人のためならず」を地でいったのが、鉄鋼王のアンドリュー・カーネギー(『人を動かす』の著者のデール・カーネギーとは無関係の人です)に抜擢《ばってき》されたチャールズ・シュワッブという人物です。

彼はわずか38歳で鉄鋼会社の社長に抜擢されました。それは彼が人を動かす名人だったからです。

「私には、人の熱意を呼び起こす能力がある。これが、私にとっては何物にも代えがたい宝だと思う。他人の長所を伸ばすには、ほめることと、励ますことが何よりの方法だ」とシュワッブは語り、それをやり続けてきました。

そうやって人に重要感を与え続けてきたことが、彼自身を重要人物に引き上げる未来につながっていったわけです。

シュワッブの上司のアンドリュー・カーネギー自身、他人のことを自分の墓石に刻んでまで賞賛しようとした人でした。アンドリューの墓碑銘《ぼひめい》には「おのれよりも賢明なる人物を身辺に集むる法を心得し者ここに眠る」と刻んであります。

これはマネジメントする人間のお手本になるような言葉だと思います。ときどき嫉妬《しっと》心《しん》から自分より能力が低い人ばかり採用する経営者がいますが、そういう会社は必ず地盤沈下を起こしてしまいます。

みなさんもチームで仕事をするときは、他の人の優れたところを認めてほめるよう心がけましょう。

◆ほめると思わぬ才能が開花する

シュワッブのように**人をほめ、励ますと、相手の自己重要感が高まり、思わぬ才能が開花することがあります。**歌手のスティーヴィー・ワンダーは目が不自由でしたが、学校の先生は彼が素晴らしく鋭敏な耳を持っていることに気づきました。

そこで逃げた実験用のネズミを探すよう、彼に頼んだのです。スティーヴィーの言葉によれば、自分が持つ能力を先生が認めてくれたまさにそのとき、新しい人生が始まったのだそうです。

私が知っている有名な女子アナウンサーの方も、子どものころ、「あなたは朗読がうまいわね」とほめられたのがきっかけで、アナウンサーをめざす決心をしたそうです。そういうちょっとしたひと言が、人に重要感を持たせるきっかけになります。

ですからみなさんもほめる言葉、励ます言葉をどんどんプレゼントしましょう。

ただしお世辞《せじ》はいけません。**お世辞と相手をほめる感嘆の言葉の違いは、後者は真実であり、前者は真実ではない点です。後者は誰からも喜ばれ、前者は誰からも嫌われる**、とカーネギーは釘《くぎ》をさします。

相手の長所がわかれば、みえすいた安っぽいお世辞など言わなくてもすみます。

私は大学の授業で、3日間をふり返って何人ほめたか記録するようにしてもらったことがあります。そして学生同士、ほめて、ほめて、ほめまくる練習をしています。こうすると人の長所がすぐにわかるようになります。

またほめられたら、感謝するのも忘れてはいけません。相手に対する感謝の言葉も、立派なほめ言葉の一種です。人からほめてもらったら感謝のほめ言葉で返しましょう。

心から相手をほめるためには人の長所を見つけ、相手の真価を認める姿勢が大切なのは言うまでもありません。そうすれば相手は気持ちよく動いてくれます。それにほめた言葉はそっくり自分に返ってくるおまけもつくのだ、と覚えておきましょう。

人を動かす原則❷

率直で、誠実な評価を与える。

人を動かす具体的な習慣

- ●みんな「いいね」をもらいたがっていると思おう。
- ●相手を重要な人物だと思って接しよう。
- ●人の自分より優れた点を認めよう。
- ●お世辞を言わない。本当にほめたいことを見つけてほめる。
- ●3日間をふり返って何人ほめたか記録をつける。

③

【人の立場に身を置く】

人の心に刺さるようなひと言を用意しよう

◆自己中心的から他者中心的生き方に

社会人になるとはどういうことかというと、「自己中心的な生き方」から「他者中心的な生き方」に変わることです。子どもは自己中心的に生きても大丈夫ですが、社会人になって組織に入ると、他者中心にシフトしなければ生きていけません。

「自分はフリーランスだからいいだろう」と思う人がいるかもしれませんが、実情はまったく逆で、フリーランスの人になればなるほど気遣いがないと生き残っていけません。

なぜなら仕事は「もらうもの」だからです。お金と仕事は人がくれるもの。「人間関係が嫌だからフリーになりました」という人はとても危険です。**世の中は他者中心的な生き方をしなければ、やっていけない仕組みになっています。**

ではどうやって他者中心的な生き方をつくるのかというと、相手が関心を持つものに応えるということです。カーネギーは「人を動かす唯一の方法は、その人の好むものを問題にし、それを手に入れる方法を教えてやることだ」と言っています。

要するに、相手の需要から出発せよ、というわけです。「人を動かす」というと、何か都合よく、自分の都合で人を操るように思ってしまう人がいるかもしれませんが、そうではありません。

人はみな自分の欲求を満たすように動いているわけですから、相手がほしがっているものに応えてあげるのが、人を動かす極意になります。

需要に応える技術を訓練するには書店がおすすめです。著者が書きたくて書いた〝自己満足的な本〟と、「これは心に刺さる！」という本の違いがよくわかります。

「これは心に刺さる」「こっちは刺さらない」と、タイトルを眺めながら分類していくと、需要に応えるものか否か、その違いがわかってくるでしょう。

「心に刺さる」とは眠っている需要に火をつけることです。それができれば、人を動かすのも夢ではありません。

カーネギーの本にはこんな例が紹介されています。ある男の子が幼稚園に行かない、とだだをこねています。その子に「幼稚園に行け！」と無理強いしても、ますます幼稚園嫌いになるだけでしょう。

そこで父親がどうしたのかというと、その子の立場になって、楽しいことは何かを考えてみたのです。そしてその子が好きなお絵描きをだしに使い、「ペインティングをやるには幼稚園に行って習ってからじゃないとね」と話します。

すると子どもはペインティングがやりたいので、自らすすんで幼稚園に行ったという話です。子どもの眠っている需要に火をつけたわけです。

◆交渉術とは相手の利益・不利益を考えること

また別の例では、相手にとっての利益と不利益を明示して交渉したカーネギー自身の体験が述べられています。カーネギーが講習会のために予約していたホテルの会場が突然使用料を値上げしてきました。

カーネギーはホテル支配人の前で便箋《びんせん》の中央に線を引き、値上げによる「利益」と「不利益」の欄をつくって、それぞれに書き込んでいきました。

「ここに書いた利益と不利益をよくお考えの上で、最終的なお答えを聞かせてください」と言って便箋を渡したところ、使用料の値上げは半分になったそうです。

これは相手の立場に立って、相手の利益・不利益を考える交渉術です。

みなさんも仕事の場で交渉するときは、ポイントを書き出して、「これはあなたにとって利益になりますね。これも利益になります。でも、こちらは不利益になりますね」と整理していくと、それだけでずいぶんスムーズに話が進められます。


相手の立場に立つ交渉術はデートのときにも使えます。私は大学を卒業したばかりの22歳の人たちともたくさんつきあっているので、よくわかるのですが、女性の不満の多くは「男性のほうから誘ってきたのに、割り勘にさせられた」というものです。

ですからデートに誘う前に、「もちろんおごりで」とか「これぐらいのレベルのお店で」というように、**相手にとっての利益をはっきりさせて交渉するほうが、人をうまく動かせる確率が高まります。**

◆自分で思いついたかのように持っていく

みなさんも社会に出たら、お客さんに商品をすすめる場面があるかもしれません。でもお客さんはみな売りつけられるのが嫌なのだ、とカーネギーははっきり言っています。

お客さんがその気になって、自分から買ったというふうに持っていくのが、優れたセールスマンです。ウィリアム・ウインターという人が「自己主張は人間の重要な欲求の一つである」と言っています。

いいアイデアを自分が思いついたときでさえ、人に譲《ゆず》って、それを自分で思いついたかのように持っていくと、相手はすすんでそれをやりたがるでしょう。

サッカーでいうと、ゴールを自分で決められるときに、横の人にパスを出して決めさせてあげると、チームのやる気が盛り上がるのと同じです。FCバルセロナのリオネル・メッシという選手は自分が点を取る以上に、仲間に点を取らせるのが大好きです。だからバルセロナはあれほど強いチームになれたわけです。

とにかく「この人は何をほしがっているのか」を考えて、それに応えるのがビジネス・パーソンの基本的発想になります。どの企業でも「消費者の立場を忘れるな」と言っているのは、それがビジネスの鉄則だからです。みなさんも相手の立場に立って需要を引き出す大切さを肝《きも》に銘《めい》じておきましょう。

そうすれば人は自らすすんで動いてくれます。

人を動かす原則❸

強い欲求を起こさせる。

人を動かす具体的な習慣

- 相手が望むことを考えて、話をしよう。
- 書店で「心に刺さる本」を見つけよう。
- 人を誘うときは、メリットを明確に話す。
- 相手にわざと譲ることも大事。

第二章 人に好かれる6原則

【誠実な関心を寄せる】

1 食堂のおばさんと積極的に話そう

◆関心を引こうとするより、自分が相手に関心を持つ

「他人のことに関心を持たない人は、苦難の人生を歩まねばならず、他人に対しても大きな迷惑をかける。人間のあらゆる失敗はそういう人たちの間から生まれる」

これはウィーンの有名な心理学者アルフレッド・アドラーの言葉です。人に好かれたかったら、この言葉を「金科玉条《きんかぎょくじょう》」にして、胸に刻んでください。

そもそも人は相手に関心を持たないくせに、自分に対して関心を持ってもらいたがる自分勝手な存在です。みなさんはほかの人に本当に関心を持っているでしょうか。

SNSで自分に「いいね!」が少ないと怒る前に、まず自分が相手にちゃんと「いいね!」をしているかどうかを確かめてみましょう。ギブ・アンド・テイクのギブのほうをたくさん行わないと、テイク、すなわち好意は得られないのです。

カーネギーは、**相手の関心を引こうとするより、相手に純粋な関心を寄せるほうがはるかにたくさんの友人を得られると書いています。**

実は『人を動かす』という本の原題は『How to Win Friends and Influence People』です。ただ友だちをつくるのではありません。「win」とありますから、「獲得」する、つまり信頼できる友人を積極的に得るための方法論を書いています。

そのためにどうすればいいのかというと、相手のことに純粋に関心を持て、とカーネギーは言うのです。

第26代アメリカ大統領だったセオドア・ルーズヴェルトは絶大な人気を誇り、たくさんの人から好かれていた人物でした。その秘密は「他人に寄せる彼の深い関心にあった」とカーネギーは指摘しています。

ルーズヴェルトは在任中からホワイトハウスの使用人たちの名前を残らず覚えていました。台所で働く下働きの女性にまで、親しげに名前を呼んで挨拶したそうです。それだけでなく、大統領をやめたあと、ホワイトハウスを訪ねたときも、庭師や下働きの人たちを見ると、以前と変わらない親しみをこめて、一人ひとりの名前を呼んで話しかけました。

使用人たちはそのときのうれしさをいまだに語りぐさにしています。一人の使用人などは涙を浮かべてこう言ったそうです。

「こんなにうれしい日はなかった。このうれしさは、とても金には代えられない」

ルーズヴェルトのような上司がいたら、きっと部下は誰でも彼について行こうと思うでしょう。


私の無二の親友も、中学に入ったとき、私に関心を持って近づいてきたクラスメイトの一人です。彼が私のテニスボールを持って「テニスって面白いの?」と聞いてきたのがきっかけで友だちになりました。彼とは中学・高校とずっと一緒に勉強し、同じ大学に入って大学院まで一緒でした。

彼が私に関心を持たなければ、生涯続く友情は育たなかったに違いありません。

人に関心を寄せる訓練として、私は大学の授業で「偏愛《へんあい》マップ」というものを必ずつくってもらいます。自分が好きなもの、偏って愛しているものを、1枚の紙に20個、30個と書き入れ、2人一組になってお互いに見せあいながら話をするのです。

すると、初対面の学生同士でもおおいに盛り上がります。ゲーム好きな人とゲームの話をしていれば、どれだけでも時間が持つということです。

◆「大人の質問力」を身につけよう

カーネギーの経験によれば、「こちらが心からの関心を示せば、どんなに忙しい人でも、注意を払ってくれる」ということです。

私はかつて『質問力』という本を書いたことがありますが、**いい質問は自分の興味だけで聞いてはだめで、相手に関心を寄せなければなりません。**

『質問力』の中にこんな例を紹介しました。映画評論家の蓮實重彦《はすみしげひこ》さんという人がフランスの映画監督ジャン＝リュック・ゴダールに会いに行ったときのことです。ゴダールはものすごく忙しそうにフィルムをカットして編集作業中でした。

蓮實さんは声をかけるのをためらったのですが、思い切って「あなたの作品が1時間半という短い時間になっているのは職業倫理によるものですか？」と質問してみたのです。

するとゴダールがパッと手を止めて、「その通り。観客のためを思えば、3時間の映画より1時間半の映画を2本観たほうがいいはずですから」と答えたそうです。

この質問の何がよかったのかというと、せっかく撮影したフィルムをカットするというゴダールの痛みに対して、蓮實さんが共感と関心を持って、寄り添う質問をしたからです。

質問を聞いただけで、相手に対する関心があるかどうかがわかります。
ですからみなさんも、相手が「よくぞ聞いてくれた」と身を乗り出してくるくらいの質問を言ってみましょう。それが「大人の質問力」です。

「質問力」はトレーニングによって磨かれます。その相手は社員食堂や町の大衆食堂にいるおばさんが最適です。おばさんはもっともコミュニケーション能力が高い人種ですので、見つけたら必ず話しかけてみましょう。

最初は「このアジフライ、おいしいね。どうやって味つけしてるの？」とか「これ、人気あるでしょう？」など、相手に寄り添った質問をして関心を示します。

そのうちおばさんが子どもや孫の話をしてきたら、しっかり覚えておいて「お孫さん、元気？」「最近、大きくなった？」と聞いてみましょう。おばさんが喜んで話し始めたら、「大人の質問力」が成功したと考えるのです。

この例をとってもわかるように、「大人の質問力」とは、**自分だけの一方通行ではなく、相手にとってとても利益があるものになります。**

ローマの詩人パブリアス・シラスはこんなことを言っています。
「我々は、自分に関心を寄せてくれる人々に関心を寄せる」

人に好かれたいみなさんはこの言葉を標語にして、デスクの前に貼っておくといいでしょう。

人に好かれる原則❶

誠実な関心を寄せる。

人に好かれる具体的な習慣

- 相手よりたくさん「いいね!」を押そう。
- 目下の人でも必ず名前で呼ぶ。
- 「偏愛マップ」をつくって話し合おう。
- 質問するときは共感を持って。
- 食堂のおばさんには必ず話しかける。

2

【笑顔を忘れない】

電話をしているときも笑顔を忘れずに

◆上機嫌でいることは社会人の基本的マナー

「笑顔を忘れない」というのは、人に好かれる場合の基本中の基本です。この点に関して、みなさんは日本人に生まれたことをおおいに喜んでください。

小泉八雲《こいずみやくも》の日本名で知られるギリシャ人作家ラフカディオ・ハーンは「日本人の微笑」という文章の中で、日本人はたとえ身内の不幸を人に伝えるときでも微笑みをたたえている、と書いています。これは自分の不幸の悲しみを相手に伝染させないようにする日本人ならではの配慮です。

芥川龍之介《あくたがわりゅうのすけ》の『手巾《ハンカチ》』という短編小説にも、息子の死を微笑みをたたえて話しながらも、テーブルの下でハンカチを裂かんばかりに握り締めていた母親の話が出てきます。

みなさんも、これから社会人として、人から嫌われずに生きていくには「一生、上《じょう》機嫌《きげん》で行く」という決意が必要です。わが子を亡くしたときでさえ、微笑みをたたえているのが日本人なのですから、**みなさんも少々仕事がうまくいかないくらいで不機嫌になってしまうのは、あまりに未熟で幼稚だと心得ましょう。**

私は職業倫理として上機嫌でいることが必須と考えていますので、それを徹底するため「上機嫌Tシャツ」というのをつくったことがあるくらいです。胸の前には「上機嫌」と大きくプリントされ、背中には小さな字で「意味もなく」と書かれています。

それを着て、授業をすると、不機嫌には決してなれません。「意味もなく上機嫌」「どんなときでも上機嫌」というのが、人に好かれるための大人の作法になります。

◆笑顔の効用は人からかわいがられること

上機嫌とは、いつも微笑んでいる、笑顔を見せるということですが、**笑顔の効用は人からかわいがられる、ということです。**犬も喜んでしっぽを振って駆け寄ってくるほうが、人間にかわいがられます。

カーネギーはこんな例をあげています。病院の待合室で、みな押し黙って順番を待っていたときのことです。若い母親が赤ちゃんをつれて入ってきました。そして、不機嫌な顔つきで順番を待っている紳士の隣に座ったのです。

赤ちゃんは満面に笑みをたたえて、不機嫌な紳士を見つめました。すると紳士は赤ちゃんに微笑み返し、若い母親に自分の孫のことを話し始めたのです。やがて待合室にいた全員がおしゃべりに加わり、いらだった雰囲気がほぐれたということです。

心にもないつくり笑顔ではこうはいきません。赤ちゃんの心の底から出てくる笑顔がみんなの笑顔を引き出したのです。


口角《こうかく》を上げただけの張りついたような笑顔と自然の笑顔とは違います。「今ここに生きていることが楽しい」と言わんばかりの喜びの表情が場をなごませ、明るくします。**みなさんも何か心がはずむような感覚を自分のくせにして、いつも笑顔を見せられる習慣をつけるといいでしょう。**

そのためには軽くジャンプしてから人に会うことをすすめます。たとえば営業に行くとき、誰でもプレッシャーがかかります。ピンポンと玄関ブザーを鳴らす前は、極度に緊張するでしょう。

そんなとき、軽くジャンプをして、息をハッハッと吐いてみてください。呼吸を入れ替える感じです。体を動かすと、心もやわらかくなり、自然と笑顔が出て明るい声と表情になります。

社会人相手のセミナーで、軽くジャンプをしたあとに、グループでディスカッションしてもらうと、笑い声がたくさん起きます。

緊張してこわばった怖い顔で営業されるのと、自然な笑顔で明るく営業されるのとでは、どちらと契約したくなるかは一目瞭然です。

◆電話をかけるときも笑顔で

笑顔の効果は、それが目に見えないときでも発揮される、とカーネギーは言っています。アメリカでは電話セールスを行うとき、笑顔を忘れるな、というのがモットーだそうです。笑顔は声に乗って、相手に伝わるからです。

あるコンピュータ会社の部長が、優秀な学生に電話で採用のオファーをしました。

その学生には大企業からも複数の申し込みがきていたので、部長は自分のところのような小さな会社にはきてくれないだろうと半ばあきらめていました。

ところが学生は彼の会社に入社を決めてくれたのです。理由を聞くと、電話での話し方がいかにもうれしそうで、会社の一員になってほしいという気持ちが伝わってきたからだったそうです。

部長は人に電話をかけるとき、笑顔を忘れたことはありませんでした。たとえ顔が見えない電話であっても、相手が笑顔だとわかるのが人間の感情の機微です。**人は人の感情がわかります。たとえ相手の顔が見えていなくても、上機嫌で笑顔を見せながら話す人に自然に好意を持ってしまうのです。**

◆幸福になるのは気の持ち方次第

笑顔を見せる気にならないときはどうしたらいいかについても、カーネギーは大学教授の説を引用して答えてくれています。ハーバード大学のウィリアム・ジェイムズ教授は人間が快活さを失ったとき、それを取り戻すには「いかにも快活そうにふるまい、快活そうにしゃべることだ」と述べています。

なぜならすべては気の持ちよう次第だからです。ひとつ例をあげてみましょう。

人はみな幸福を求めていますが、**必ず幸福になれる方法があるとカーネギーは言います。それは自分の気の持ち方を工夫することです。**

同じ場所で同じ仕事をしていても、片方は不満たらたらでもう片方は幸せいっぱいだということがよくあります。それは気の持ち方が違うからです。

「物事には、本来、善悪はない。ただ我々の考え方いかんで善と悪とが分かれる」とはシェイクスピアの言葉です。またリンカーンも「おおよそ、人は、幸福になろうとする決心の強さに応じて幸福になれるものだ」と言っています。

私たちの中には否定的に考える悲観主義者の気質の人が一定数います。とくに日本人にはそういう人が多いのですが、それは不安遺伝子が多いからだそうです。しかし日本の社会はこの不安遺伝子、言い換えれば「注意深さ」で成功しているのですから、一概に否定すべきものではありません。

とはいっても、それが行きすぎてしまうと、くよくよ悩んでばかりで、笑顔にも、幸福になれません。もちろん人からも好かれないでしょう。行き詰まってしまったときは、少し気をゆるめてみるのがいいと思います。

私は昔からお風呂を重視していました。学生のころは夕方と閉店間際の一日2回、銭湯に通っていたものです。お風呂に入ると、心も体もゆるんで、ぽわんとなります。温泉に入った人はたいていてい笑顔になるのがいい例です。

ですから〝心を温泉にする〟工夫が大事です。体が温まると、笑顔になりやすいので、お風呂に入ったり、温かいものを飲んだり、あるいは先程述べたように軽くジャンプするのもいいでしょう。

そうやって機嫌のいい体を内側からつくっていくと、自然に笑顔が出てきますし、その結果、人に好かれるという好循環が生まれます。

人に好かれる原則❷

笑顔で接する。

人に好かれる具体的な習慣

- 今、ここに生きている幸福を味わおう。
- 人に会う前に軽くジャンプする習慣をつける。
- 電話やメールをするときも笑顔で。
- 落ち込んだときこそ快活にふるまう。
- 行き詰まったときはお風呂でリラックスしよう。

3

【名前を覚える】

目上の人や名刺交換した人の名前は絶対忘れない

◆名前はその人の存在そのもの

みなさんが新入社員になったとき、名刺交換した人や目上の人の名前を覚えていないとたいへんまずいことになります。

ましてや相手がこちらの名前を覚えているのに、自分が言えないとなると、「新人のくせになんなんだ」と嫌われるのは間違いなし。ビジネスに支障が出ることもあるでしょう。

カーネギーも、名前を覚えるのが仕事の基礎だから、それができないのは仕事ができないということだと、ある実業家の発言を引用しているほどです。

なぜ名前がそれほど重要なのかといいますと、**名前はその人のいちばん重要なアイデンティティーだからです。**

名前を覚えてもらえるのは、自分という存在を尊重してもらうのと同じ意味になります。

鉄鋼王で有名なアンドリュー・カーネギーは、人間が自分の名前になみなみならぬ関心を持つことを知っており、商売にたくみに利用した人でした。

あるとき彼はペンシルバニア鉄道会社にレールを売り込もうとしていました。鉄道会社の社長の名前はエドガー・トムソンという人でした。

そこでアンドリューは新しく建てた製鉄工場に「エドガー・トムソン製鋼所」と名づけたのです。

ペンシルバニア鉄道がどの鉄鋼会社からレールを買いつけたかは言うまでもありません。

アンドリューは自分のもとで働いているたくさんの労働者たちの名前も覚えていました。そのため彼がトップでいる間は、労働者のストライキが一度も起こらなかったそうです。いかに名前を覚えることが重要かがこのエピソードでもわかります。

◆名前を覚えてくれた人には尽くそうとする

そういえばマイクロソフトを創業したビル・ゲイツも名前を覚える名人だという話を聞いたことがあります。

何年かぶりに会った日本人の名前をさっと言ったそうです。

ビル・ゲイツといえば、とんでもない才能とカリスマ性で事業を大きくした印象がありますが、実はこまめに人の名前を覚え、相手を尊重することで、信用を広げていった部分もあったのかもしれません。

そう考えると学校の先生の名前を覚える能力はすごいものがあったと思います。

私が中学2年生のとき、社会科を担当してくれた浅場先生は担任でも何でもなかったのに、私のクラス全員の名前を覚えていて、名簿も何も見ずに指名することができたのです。

ほかのクラスでもそうでしたから、先生は何百人もいる生徒の名前を全部覚えていたことになります。いったいどうやって覚えたのだろうと今でも不思議です。

私たちは浅場先生に報いなければいけない、というわけで社会科だけはいい点を取ろうとみんなで頑張りました。

名前を覚えてくれた人にはロイヤリティ（忠誠心）を感じて、その人に尽くそうと

するのです。末端の使用人まで名前で呼んでいたルーズヴェルト大統領もそうでしたが、名前を覚える能力が、たくさんの人間の好意を集め、社会的地位を押し上げることに貢献したのは間違いありません。

◆手帳に書いたり、映像でインプット

ですから、みなさんも人から好かれたければ、何としても名前を覚える努力をしなければなりません。

どうやって覚えるかですが、まず場所で覚える方法があります。座っている位置や順番で「右側が佐藤さん、左側が山田さん」と映像でインプットします。

その人の名前を会話の中に使うというのもよく行われている方法です。「○○ですよね、佐藤さん」とか「山田さんのおっしゃる通りでした」と3回くらい名前を呼べば、だいたい頭に入ります。

私の場合は、顔と何かを関連づけて覚えます。「佐藤といえば俳優の佐藤健《たける》。佐藤健と似ても似つかない佐藤さん」という感じで覚えていきます。

また手帳に書くという方法もよく取ります。

その日会った人の名前を、会った順番や座った配置で手帳に書いておき、メガネを

かけた人はメガネマーク、髭《ひげ》の人は髭マークなどちょっとした印象と一緒に書いておくと忘れません。

指名手配の犯人を見つける仕事をしている警察官の方の話を聞いたことがあります。その人は今まで何人も犯人を見つけているのですが、似た人に声をかけてしまう間違いを一度もしたことがないそうです。

どうやって犯人を覚えるのかというと、写真を見てくり返し名前を言いながら語りかけている、と言っていました。

昔からの友だちのように、名前を呼んで語りかけていると、街なかですれ違っても、旧知の友人のようにすぐわかるそうです。

名前とその人のアイデンティティーは切っても切り離せない存在です。みなさんもまずは今いる自分の部署の人の名前をフルネームで言えるようにしましょう。

そして初めて会った人は手帳に名前をメモして、次に会ったときは必ず名前で呼べるようにしておくのです。

「どなたでしたっけ？」などと聞いてくるような人は絶対好きにならないので、注意しましょう。

人に好かれる原則❸

名前は、当人にとって、最も快い、最も大切な響きを持つ言葉であることを忘れない。

人に好かれる具体的な習慣

- 目上の人、名刺交換した人の名前は忘れない。
- 座る位置や順番で名前を覚える。
- 名前と顔を関連づけて覚える。
- 手帳に名前と特徴を書きつける。
- 同じ部署の人の名前はフルネームで言えるようにする。

4

【聞き手にまわる】

人はみな熱心に聞いてくれる人をほしがっている

◆聞き上手にまさる才能はない

阿川佐和子《あがわさわこ》さんの『聞く力』がベストセラーになりました。その中に、人の話を面白そうに聞くことが大切だと書いてあります。私も、**人に好かれるためには人の話を面白そうに聞く才能が絶対的なパワーを持っていると思っています。**

なぜなら私自身、面白い話をしてくれる人以上に、私の話を面白そうに笑って聞いてくれる人が大好きだからです。

私は講演会をよくやりますが、聞いている人たちが挨拶をして1、2分で笑ってくれることがあります。

そういう講演会だと、こちらも楽しくなって、面白い話がどんどん言えます。でも反応が重い人たちの集まりでは、こちらの話も重くなってしまいます。そんなときは

「リアクションを少し大きめにお願いします」と言うようにしています。

よくやるのは3段階のリアクションの練習です。もちろんジョークでやっていますが、まずは軽い「はあ、そうなんですか」というリアクションをしてもらいます。

次に中くらいの「へえー」を練習し、最後に最上級の「どっひゃあ」を練習してもらうのです。「私が話しながら合図をしますから、みなさん、練習した通りにリアクションをしてくださいね」と言って、リアクションをしてもらうと、会場もなごみますし、私も話しやすくなります。

ちなみにリアクションがうまくなると、自分は何も話さなくてもリアクションするだけで、相手にどんどん話してもらえるメリットがあります。


あるパーティーでカーネギーは有名な植物学者に会いました。カーネギーは植物学者の話に魅せられて、何時間も話を聞いていました。

パーティーがお開きになったとき、植物学者はパーティーの主催者にカーネギーのことをさんざんほめちぎり、しまいには、「世にも珍しい話し上手だ」と言ったそうです。

しかしカーネギーは熱心に話を聞いていましたが、ほとんどしゃべっていなかったのです。

このエピソードから何がわかるのかというと、「どんなほめ言葉にも惑《まど》わされない人間でも、自分の話に心を奪われた聞き手には惑わされる」のだということです。

商談の秘訣についてチャールズ・エリオット博士という人はこう言っています。

「商談には特に秘訣などというものはない……ただ、相手の話に耳を傾けることが大切だ。どんなお世辞にも、これほどの効果はない」

◆みな良き聞き手をほしがっている

社会に出たら、みなさんもお客さんからのクレームに対応しなければいけない場面もあるでしょう。そういうときこそ「聞く力」が試されます。

アメリカのデトマー毛織物会社が創業間もないころ、一人の顧客が売掛金のことで怒鳴り込んできました。

非は会社にないことはわかっていたのですが、社長のデトマーは反論せずに顧客の言い分をじっと我慢して聞いていました。

そして言いたいことを全部吐き出させたあと、静かにこう言ったのです。

「わざわざシカゴまでお出かけくださって、何とお礼を申し上げてよいかわかりません。本当にいいことをお聞かせくださいました」「間違いは、こちらにあるように思います。売掛金の件は取り消させていただきます」

そしてもし自分だったら、彼と同じことをしただろうと彼の行為に共感し、「おまえの会社からはもう何も買わない」と言う彼の言い分を受けて、ほかの会社を推薦することまでしたのです。

すると顧客はすっかり機嫌を直し、今までにないほど大量の注文を彼の会社にしてくれました。それどころか、自分の息子が生まれたとき、その子に「デトマー」という名前をつけたほど、会社の大ファンになってくれたということです。

腹を立てているお客さんや不平を抱いている部下、傷心の友だちなど、心に悩みがある人は、みな良き聞き手をほしがっている、とカーネギーは言います。

たしかに世の中には、親切に話を聞いてくれただけで、詐欺《さぎ》にひっかかってしまうお年寄りもいます。「話し上手より聞き上手の人を好くものだ」というカーネギーの言葉は胸に刻んでおいたほうがいいでしょう。

◆相手に興味を持って質問をする

カーネギーは人に嫌われてしまうだめな例を4つあげています。

1　相手の話を、決して長くは聞かない。
2　終始自分のことだけをしゃべる。
3　相手が話している間に、何か意見があれば、すぐに相手の話をさえぎる。
4　相手はこちらよりも頭の回転が鈍い。そんな人間の下らないおしゃべりをいつまでも聞いている必要はない。話の途中で遠慮なく口をはさむ。

世間にはこのやり方で嫌われてしまう人がたくさんいます。そうならないよう、気をつけるのが、人に好かれるコツです。

「自分のことばかり話す人間は、自分のことだけしか考えない」とカーネギーは言います。またコロンビア大学の総長だったニコラス・バトラー博士も「自分のことだけしか考えない人間は、教養のない人間である。たとえ、どれほど教育を受けても、教養が身につかない人間である」と言っています。

もしみなさんが話し上手な人になりたいと思ったら、まずは聞き上手になることです。**相手から興味を持ってもらえるためには、まずこちらから相手に興味を持たなければなりません。相手が喜んで話したくなるような質問をしないといけないのです。**

そのためには幅広い知識が必要です。どんな人に会っても、相手の得意分野について質問できるくらいの知識があるといいでしょう。

とにかく聞き上手になるには、相手に気持ちよく自分の話をさせることが大切です。

みなさんもこの1週間をふり返ってみて、相手が気持ちよさそうにしゃべったことがあったかを思い出してみましょう。

人に好かれる原則❹

聞き手にまわる。

人に好かれる具体的な習慣

- リアクションをつけて話を聞く。
- クレームには反論せずに、黙って聞く。
- 相手が喜んで話したくなるような質問をする。
- そのために幅広い知識を身につける。
- 1週間をふり返って、相手が気持ちよくしゃべったか思い出してみる。

5

【関心のありかを見抜く】

異なる年齢の人といつも盛り上がれるように

◆相手が好きな話題を事前に調べておく

相手と話すとき、「あなたと話すと世界が広がって、面白かったです」と言われれば、間違いなく好意を持ってもらったと思っていいでしょう。そう言わせるのに、必ずしも自分に博識が必要なわけではありません。相手が関心を持つものに話を持っていき、気持ちよく話してもらえれば、相手は勝手に世界が広がった気がするのです。

ルーズヴェルト大統領は、相手がカウボーイだろうと、騎兵隊員だろうと、政治家、外交官であっても、どんな相手にも適した話題をたくさん持ち合わせていました。

どうしてそんなことが可能だったのかというと、その人が好きそうな話題について前の晩に遅くまでかかって調べておいたからです。

みなさんも誰かとアポイントを取って会う約束をしたり、訪問するときは、さりげなく相手の趣味や関心を調べておくといいと思います。ゴルフが好きな人だったら、「ゴルフ、おやりになりますか?」とか「最近、ゴルフの調子はどうですか?」とゴルフに話を持っていくと、自分が関心があるテーマなので、喜んで話すでしょう。

私もゴルフが好きな人にはゴルフに話をふりますが、私自身はゴルフをやりません。にもかかわらず、プロゴルファーと専門誌で3回くらい対談したことがあります。

下調べをして、相手の関心のありかを見つけたり、相手の関心事に寄り添っていけば、たとえゴルフをやらなくてもプロゴルファーと話ができるのです。

◆喜ぶ話題を見つけると交渉しやすい

相手の関心をとらえて、就職に成功した例をカーネギーはあげています。

兵役を終えた若者が風光明媚《ふうこうめいび》なある地方を気に入って、定住しようと思います。しかしそこにはほとんど働き口がありませんでした。

唯一、大富豪が持っている会社がありましたが、その会社では新しい社員の採用をシャットアウトしていたので、大富豪と面会することすらできませんでした。

そこで若者は大富豪が何に関心を持っているかを調べます。そして最大の関心事が、お金と権力だということを知ると、それを逆手に取って、自分はお金儲《もう》けができる方法を知っているのでぜひお教えしたい、と秘書に言ってアポを取ったのです。

大富豪と面会できたとき、若者は自分に何ができるか、それが大富豪や彼の会社にどんなメリットをもたらすかを詳しく説明しました。

その結果、若者はめでたく採用を勝ち取り、以後20年にわたって会社を繁栄させ、自分自身も成長したという話です。**相手が何に関心を持っていて、どんな話題を喜ぶか、それを見つけ出せると、相手から好かれるいい実例です。**


先日、私は学生たちとカラオケにいきましたが、20歳前後の学生でも昭和歌謡に詳しい人がいて、私が好きな中森明菜《あきな》や松田聖子をちゃんと選曲してくれます。そういうときはなかなかうれしいものです。

みなさんも仕事でカラオケに行くことがあると思いますが、一緒に行くのがおじさんたちなら、今はやっている曲や自分の時代の歌は選曲してはいけません。昭和歌謡や90年代、２０００年代の歌を歌いましょう。

社会人になれば、同世代ではなく異なる年齢の人たちとつきあうことになります。年齢がはるか上の人、たとえば20歳以上上の人と一緒に行っても盛り上がれるようなレパートリーを持っておくと、覚えがめでたくなります。

◆セカンドチャンスが大事

事前に相手について調べようとしても、なかなかわからないことがあります。そういうときは2度目に会うときが勝負だと私は思っています。

初対面で会ったときは相手のことが何もわかりません。ですから雑談の中で相手が好きそうなものをそれとなく探っていきます。そして別れたあと、忘れないうちに手帳に箇条書きしておくのです。

「この人はスイーツ好き」とか「広島カープファン」などと書き留めておくと、次に会ったときに「この間、すごくおいしいスイーツを見つけたんです」とピンポイントで攻めることができます。

相手は「自分がスイーツ好きだということを覚えていてくれているんだ」とうれしくなるので、一気に距離が縮まります。

相手の得意分野について相談するというやり方もあります。初対面で相手の関心事がゴルフだとわかったとき、自分がそれについて何の知識もないときは「今度やってみたいです」とか「うまくなるコツはありますか？」などと聞いておき、2度目に会ったときに「打ちっぱなしに行ってみたら、本当に面白かったです」と話すのです。

新人のうちはまだ経験や知識も足りませんから、2度目に会ったとき、何を報告できるかを課題にしていくといいでしょう。セカンドチャンスを大事にすれば、相手から思いがけない好意をもらうことができます。

人に好かれる原則❺

相手の関心を見抜いて話題にする。

人に好かれる具体的な習慣

- アポの前には相手の趣味や関心事を調べておこう。
- 関心事が事前にわからないときは、雑談の中で聞き出そう。
- 年齢が20歳以上上の人とでもつきあえるレパートリーを持っておく。
- 相手の得意分野について相談するという手もある。
- 2度目に会ったとき、必ず相手の関心事にふれよう。

6

【心からほめる】

無愛想な犬より愛想のいい犬のほうがかわいい

◆賞賛にははかりしれない力がある

「人と話をする時は、その人自身のことを話題にせよ。そうすれば、相手は何時間でもこちらの話を聞いてくれる」。これは大英帝国時代のイギリスで首相をつとめた著名な政治家ベンジャミン・ディズレーリの言葉です。

この言葉の真意は、つねに相手に重要感を持たせよ、ということです。社会人になったら、自己中心ではなく、他者中心で生きなければいけないのですが、そのとき大切なのは、前述したように相手に重要感を与えることです。

なぜなら人は誰でも周囲の人から認めてもらいたいと思っているからです。みえすいたお世辞は嫌ですが、心から賞賛し、認めてもらえれば、これほどうれしいことはありません。

人から好かれたいと思ったら、心から賞賛し、認めてあげればいいのです。聖書では「すべて人にせられんと思うことは人にもまたそのごとくせよ」と書かれています。また孔子《こうし》も「己《おのれ》の欲《ほっ》せざるところは人に施《ほどこ》すこと勿《なか》れ」と言っています。

心から賞賛し、重要感を与えることは、人に好かれる黄金律といえるでしょう。

では、それをいつ、どこで、どんなふうにやるか、です。カーネギーはいつでも、どこでもやってみることだ、と言っています。

ホール・ケインは貧しい鍛冶屋《かじや》の息子でした。学校にも8年ほどしか通っていませんでしたが、文学が好きで、とくにイギリスの詩人ダンテ・ゲーブリエル・ロゼッティに傾倒していました。

ついには彼の功績をたたえる論文を書き上げてしまいます。それをロゼッティに送ったところ、大喜びされます。

「私の能力をこれほど高く買う青年は、きっと素晴らしい人物に違いない」

ケインはロゼッティに呼び寄せられ、彼の秘書になります。そのことがきっかけで、ケインは著名な作家になり、『マン島の男』『マン島の裁判官』など次々とベストセラーを発表して、大富豪になります。

もしケインがロゼッティを賞賛する論文を書かなかったら、きっと貧しい無名のままの生涯を送ったでしょう。**心からの賞賛には、このようなはかり知れない威力がある**、とカーネギーは書いています。

◆心が動くから賞賛が伝わる

相手に心からの賞賛を与えるには、それが自分の喜びになるようにシフトすることが大事です。自分の心が動かなければ、心からの賞賛はできません。

版画で有名な棟方志功《むなかたしこう》は、少年時代にゴッホの絵を見て「ワだばゴッホになる」と言いました。「ゴッホにならうとして上京した貧乏青年はしかし、ゴッホにはならずに、世界のMunakataになった。」と草野心平《くさのしんぺい》が詩に書いています。

「自分はゴッホになる」というのはゴッホに対する心からの賞賛です。「ゴッホの絵のここがいいね」などというレベルではまだ本当に心は震えていません。「自分はゴッホになる」と言い切るところに棟方の心の震えがあらわれています。

ですからみなさんも、無理にほめようと思わないで、まず自分の心が動くかどうかチェックしてみましょう。毎日の生活で心が動いたことがあれば、それを手帳に書き留めて、大きく動いたときは口を開いた絵文字、ちょっと動いたときはニコニコマーク、悲しかったり、残念なときは泣きマークを書くなどしていくと、毎日が彩り豊かになります。

今の若い20代の人は心が動く様《さま》が見えづらい傾向があります。品がよすぎて無表情に見えるので、年配の人たちからは、「いったい何を考えているのだろう」と思われてしまいます。

感情の動きがない人は魅力がありません。ですからニコニコマークをどんどん書いて、心が動くようにしておくと、機械に油を差すのと同じで、心の動きがよくなるでしょう。

感動をSNSにあげてもいいのですが、食べ物や風景の写真ばかりのせても意味がありません。それだけだと単純になってしまうので、もっと本を読んだり、映画を見て、心震えた場面を文章化していくのです。そうすれば、自分の中の文化の経験が増えていくでしょう。

無理にほめようとしなくても、心が動いた様子を相手に見せれば、素直な感じが伝わって好感を持ってもらえます。ペットでも、体全体で喜びをあらわしてくる犬は、むすっとして愛想がない犬よりかわいいものです。感情が読み取れない相手は不気味な感じで、なかなか好きになれません。

人に好かれる原則❻

重要感を与える――誠意を込めて。

人に好かれる具体的な習慣

- 話題は相手のことを中心にするよう心がける。
- いつでも、どこでも、人をほめる準備を整えておく。
- 自分の心が動いたことを手帳に記録する。
- ＳＮＳには食べ物や風景だけでなく、映画や本で感動したことをあげてみる。

第三章

人を説得する12原則

1

【議論を避ける】

「でも」のかわりに「ということは」を使おう

◆議論に勝っても無意味

学生でいる間は、みなさんもたびたび議論をしたことと思います。ところが人を説得するのに、議論は何の役にも立ちません。

それどころか、社会に出ると議論すること自体が危険をともなう、と覚えておいたほうがいいでしょう。なぜなら、**議論をしてたとえ相手を打ち負かしたとしても、相手の意見は変わらないからです。**

「議論に勝つ最善の方法は、この世にただ一つしかないという結論に達した。その方法とは──議論を避けることだった。毒ヘビや地震を避けるように議論を避けるのだ」とカーネギーは言っています。

この教訓をカーネギーはあるパーティーに出席したさい、学んだのです。パーティーでカーネギーはある男性と、引用句について、出典が聖書かシェイクスピアかで議論になりました。

カーネギーは確信があったので、出典がシェイクスピアであると主張したのですが、相手は「聖書の言葉だ。間違いない」とたいへんな剣幕で詰めよります。

するとその場に居合わせたカーネギーの友人が「たしかに聖書です」と相手の肩を持つのです。友人はシェイクスピアの研究家でもあったので、カーネギーはひじょうに驚いてしまいます。

パーティーの帰り道、カーネギーが友人に確かめると、友人は答えます。

「もちろん出典はシェイクスピアさ。でもめでたいパーティーの席でなぜ人の間違いを証明しなければならないんだ。証明すれば相手に好かれるのかね？」

カーネギーは議論をしても何の意味もないことを悟るのです。

どんなに議論をしても、相手の考えを変えられないのであれば、議論はたんなる自己満足に終わってしまいます。その上、議論をすることで、友だちを失ったり、上司から嫌われたり、同僚から反感を持たれてしまうのなら、議論する意味はまったくありません。

私には大学時代に徹底的な議論をして、友だちを1人ずつ失っていったという悲しい経験があります。当時の私は完膚《かんぷ》なきまでに相手を論破《ろんぱ》することを説得だと考え、誠実さと勘違いしていたのです。

その結果、友だちがどんどんいなくなっていったという反省を踏まえ、みなさんには議論することがまったく生産的ではないとわかっていただきたいと思います。

もちろん企画会議などで、A案がいいか、B案がいいか、意見を言うのはかまいません。ここで言う〝避けるべき議論〟とは相手を徹底的にやりこめるような議論のことです。**どちらかが勝って、どちらかが負けてしまう議論だと、負けたほうは恨みが残りますし、勝ったほうも大して得がありません。**

◆人は変わらないと肝に銘ぜよ

アメリカの精神的な支柱をつくったといわれるベンジャミン・フランクリンは議論についてこう記しています。

「議論したり反駁《はんばく》したりしているうちには、相手に勝つようなこともあるだろう。しかし、それはむなしい勝利だ――相手の好意は絶対に勝ち得られないのだから」

ベンジャミン自身もあまり議論をしなかったようです。どうしたら物事がよくなるのかという生産的な意見はたくさん出しましたが、相手をやりこめる議論はしませんでした。ひじょうに賢明だと思います。

福沢諭吉《ふくざわゆきち》も『福翁自伝《ふくおうじでん》』で、若い時からムキになって議論することはなかったと言っています。

そもそも人はほとんど変わらないのですから、たとえ朝まで議論して、相手の間違いを正しても、人は変わりません。そこは自分の正しさを主張するのではなく、人間関係のほうを重視して、割り切る必要があるでしょう。

カーネギーは釈尊《しゃくそん》（お釈迦《しゃか》さまのこと）の言葉を引用しています。

「憎しみは、憎しみをもってしては永久に消えない。愛をもってしてはじめて消える」

誤解や誤りは、議論してもとけることはありません。唯一とけるとしたら、相手の立場で同情的に考える思いやりを持ってして、初めて可能になる、とカーネギーは言うのです。

たしかに議論しているうちに、互いに相手に負けたくないと意地になってしまい、最後は感情的になって、憎しみさえ抱いてしまうこともあります。こういうことを社会に出てやっては絶対いけないということです。

◆小さいことなら相手に譲れ

リンカーンは同僚とけんかばかりしている若い将校をこう言ってたしなめたそうです。「自己の向上を心がけている者は、喧嘩などするひまがないはずだ。おまけに、喧嘩の結果、不機嫌になったり自制心を失ったりすることを思えば、いよいよ喧嘩はできなくなる。こちらに五分の理しかない場合には、どんな重大なことでも、相手に譲るべきだ。百パーセントこちらが正しいと思われる場合でも、小さいことなら譲ったほうがいい」

けんかに勝つにはけんかをしない。議論に勝つには議論を避けろ、ということです。

議論をうまく避けながら、相手を説得する技として、私は合気道の技法をよく使います。いきなりガツンと組んで戦うのではなく、まずは相手の動きに添った上で、相手の勢いを利用して方向性をずらしていくのです。

たとえば相手の意見に対して「たしかにその通りですね。おっしゃることはよくわかります」と寄り添っておき、「ということは、こういうことですね」と少しずらしていっても相手は気づきません。

「でも」という言葉は絶対はさまずに、「確かにね。そうですね」と相手を一度受け止めて、「ということは○○なんですね」とこちらが持っていきたい方向に少しずつずらしていく。それが、議論を避けながら、相手を説得する技になります。

人を説得する原則❶

議論に勝つ唯一の方法として議論を避ける。

人を説得する具体的な習慣

- 意見が違ったら、対立せずに相手に譲《ゆず》ろう。
- 相手を打ち負かさないようにしよう。
- 正しさより人間関係を優先するくせをつけよう。
- 「でも」を使わず、「ということは」を使うようにする。

2

【誤りを指摘しない】

「私の勘違いかもしれません」をひと言そえる

◆自ら気づくよう助け船を出す

学校で○×式の勉強に慣れてきたみなさんは、誤りを見つけると当然のように指摘して、正したくなると思います。

でも社会に出たら、誤りを指摘するのは慎重になったほうがいいでしょう。なぜなら、たいていの大人は他人から誤りを指摘されると気分を害するからです。

私はまだ学生のころ、大学の先生にある漢字の間違いを指摘して先生からずっと目の敵にされ続けたという苦い経験を持っています。親切心で指摘したのですが、そんなことをする必要はなかったのです。先生は一生間違えていればよかったのですから。

それでも、どうしても相手の誤りを指摘しなければならないときはどうしたらいいのかというと、カーネギーは、相手に気がつかれないようにやることだ、と言っています。相手が知らないことは「忘れているだけだよね」と言い、相手に恥をかかせないようにしなければなりません。

ガリレオも「人に物を教えることはできない。自ら気づく手助けができるだけだ」と言っています。**間違いがあっても、相手にそっと気づかせるような助け船を出すのが、人を納得させるコツです。**

たとえば相手が自分の名前を間違って言う場合があったとします。あるテレビ番組の企画ですが、「名前を間違われた時、どう対応するか」というテーマで出演したことがあります。設定は、番組の打ち合わせのとき、ディレクターから間違って「佐藤さん」と言われ続けるというものです。

「いや、佐藤ではなく、齋藤です」と訂正してもいいのですが、そうするとお互いに気まずくなると思ったので、相手が自分で気づくように持っていきました。

どうしたのかというと、ディレクターにこんなふうに言ったのです。

「テロップで私の名前を流すとき、齋藤の『齋』の字は『斉』じゃなくて、下に『示』が入る難しいほうの『齋』でお願いします。すみませんね、お手間をかけちゃって」

相手はすぐに「しまった！　佐藤じゃなくて、齋藤だった」と気づくという流れです。お互いに何もなかったかのように進んでいくのが、大人の作法です。

とくに上司やお客さんなど、自分より上の立場の人の間違いを指摘しなければならないときは、相当気をつけなければなりません。下手にやると地雷を踏んで、たいへんなことになってしまいます。

そういう場合カーネギーは「おそらく私の間違いでしょう」「間違っていましたら改めたいと思いますので、一つ事実をよく考えてみましょう」という言い方をすすめています。**「おそらく私の間違いでしょう」という言い方はいろいろなケースに使える万能のパターンです。みなさんもしっかり覚えておくといいでしょう。**

◆断定しないで控えめに言う

ベンジャミン・フランクリンでも若いころはひじょうに議論好きで、人の誤りを指摘するのが好きな人間だったようです。しかし友人から「そんなことをしていると誰からも相手にされなくなるよ」と言われて、心を入れ替えます。友人の忠告を素直に受け入れるところがフランクリンの偉いところです。

のちにフランクリンは次のように言っています。

「私は、人の意見に真っ向から反対したり、自分の意見を断定的に述べないことにした。（略）相手が明らかに間違ったことを主張しても、すぐそれに反対し、相手の誤りを指摘することをやめた。（略）おそらくこの五十年ほどの間、私が独断的な言い方をするのを聞いた人は、誰もいないだろう」

フランクリンは人の誤りを指摘する悪いくせを克服して、有能で人当たりのいい、一流の政治家になれました。

ですからみなさんもフランクリンに倣《なら》って、「これはこうに決まっています」「絶対にこうです」というような独断的な言い方は避けて、人当たりのいい人間になりましょう。**「もしかしたら、こうかもしれません」「こういう可能性があります」と控えめに言っておいたほうが、相手は受け入れやすいし、人間関係はずっとうまくいきます。**

このやり方は実は大昔から知られているものです。紀元前2200年、エジプト王アクトイは息子の王子に「人を納得させるには、外交的であれ」と諭《さと》しています。「外交的」とは戦争状態にして相手をつぶすのではなく、相手の意見に敬意を払いなさいということです。

イエス・キリストも「すみやかに汝《なんじ》の敵と和解せよ」と教えています。つねに相手を尊重しながら話せば、地雷を爆発させてしまうことはありません。相手が100パーセント間違っているときでも、「もしかしたら」「かもしれませんね」と言っておくと、問題は起きないのです。

私もあのとき大学の先生に「私の勘違いかもしれませんが、もしかしたらこの漢字はこうではなかったでしょうか。でも私の間違いかもしれません。すみません」ぐらいに言っておけば、あれほど目の敵にされずにすんだのです。

人を説得する原則❷

相手の意見に敬意を払い、誤りを指摘しない。

人を説得する具体的な習慣

- 人の誤りは見て見ぬふりをしよう。
- 相手が知らないときは「忘れているだけ」ということにする。
- 「おそらく私の間違いでしょう。あとで調べます」と言おう。
- 「こうに決まっています」という断定的な表現をしない。

3

【誤りを認める】

頭に血がのぼったら、静かに座ろう

◆社会人はうそが命取りになる

学生のときは寝坊で授業に遅れても、「電車が遅れて」とか「体調が悪くて病院に寄ってきました」などとうそをついて、ごまかすことができました。

でも社会人になると、こうはいきません。「証明書を出してください」とか「診断書を持って来い」と言われて、うそがばれると、一気に信頼を失います。

学生と社会人とはまったく違うのだということを、肝《きも》に銘《めい》じておいてください。自分の過ちを認めないで、ごまかしていくと、人は納得してくれないどころか、よけいにたいへんなことになるのです。

うそというのは、ひとつつくと、そのうそを隠すために、またうそをつかなければ

ならなくなります。うそにうそを重ねてしまい、取り返しがつかなくなるのです。

とくに今はインターネットの時代ですから、誤りを素直に認めないとたいへんな事態に発展することがあります。たとえば有名人のスキャンダルで、会見でうそを言ったためによけいに炎上する、といった例はみなさんもよくご存じでしょう。それはなぜかというと、今の時代はみんなで寄ってたかってうそをあぶり出してしまうからです。

すべてをガラス張りにして、「事実関係はこうでした」と言い切らない限り、事態は収束しません。**もうごまかしがきかない新しい時代に入ったのだと覚悟して、ここはひとつ潔《いさぎよ》く生きるべきです。**

◆指摘される前に自分から謝ってしまう

しかし自分の誤りを素直に認めるのは、言うほど簡単ではありません。このことについてカーネギーはとてもいい解決策を示してくれています。

あるときカーネギーは公園で飼い犬に鎖をつけずに散歩させていて、警官にひどく叱られてしまいます。

カーネギーは「以後気をつけます」と約束したのですが、それから数日後、周りに人がいなかったため、公園で犬を放していたら、タイミング悪く、先日の警官と遭遇《そうぐう》してしまいました。

万事休すと感じたカーネギーは警官が何か言う前に、自ら自分の非を詫びます。

「私が悪いのです。何も言うことはありません」

機先を制された警官はつい「あたりに人がいない時には、こんな小さな犬のことだし、つい放してみたくなるのも人情だろう」と言ってしまいます。しかしカーネギーはなおも自分の非を主張し、「でも法律は法律です。人に危害を加えなくても、リスに嚙《か》みつくかもしれません」と、あくまで謝り続けます。

とうとう警察官は「私の目の届かないところで犬を放しなさい。それで万事解決ということにしよう」と言い出したのです。


このエピソードを例にカーネギーはこう言います。

「自分が悪いと知ったら、相手にやっつけられる前に自分で自分をやっつけておいたほうが、はるかに愉快ではないか。他人の非難よりも自己批判のほうがよほど気が楽なはずだ」

自分に誤りがあるとわかったら、相手に指摘される前に自分で言ってしまうのです。日本にも「負けるが勝ち」という、とてもいいことわざがあります。

くだらないプライドにこだわるより、「あ、ミスだ」と思ったとき、すぐさま「ああ、すみません。完全に間違っていました。私のミスです」と言い切ったほうが、かえってその後の展開が前向きに運びやすいのです。

◆言い逃れをするのは愚か者がやること

はたで見ていてもそうですが、うそや言い逃れほどみっともないものはありません。カーネギーも「どんな馬鹿《ばか》でも過ちの言い逃れぐらいはできる。事実、馬鹿はたいていこれをやる」と言っています。

言い逃れをしても、相手は納得してくれません。むしろそんなことはしないほうがいいのです。

サッカーや野球の試合で、負けた監督が「あの選手がもうちょっと動いてくれたら」「あいつがあんなところでミスをしなければ」と選手のせいにするようないいわけをすると、ひじょうに嫌な空気になります。その選手を起用したのは誰なのだ！ ということになるからです。失点のほとんどは誰かのミスがかかわっています。

そこを責めてもしかたないわけで、やはりリーダーになる人間は「自分の責任である」と言ったほうが組織がまとまります。

たとえ「私の責任です」と言っても、「じゃあおまえが全部責任を取れ」というふうにはなりません。たいていは「私たちにも責任があります」とあちこちから声があがって、前よりいい関係になるほうが多いのです。

これは入社したてのみなさんも同じことで、新人がとれる責任はたかがしれているかもしれませんが、「私がまかされていた範囲で起きたことなので、私の責任です」と言ったほうが好印象で、責任感のある人に思ってもらえます。

自分の誤りを素直に快く認めるには、「落ち着く」のがとても有効です。八木重吉《やぎじゅうきち》さんという大正時代の詩人の作品に「草に　すわる」という詩があります。

わたしの　まちがひだつた
わたしのまちがひだつた
こうして　草にすわれば　それがわかる

「自分は間違っていない」とかたくなに思っていても、草に座って、落ち着いて「フーッ」と息をしたとき、「ああ、私のまちがいだったんだな」と素直な気持ちになれたというわけです。要するに坐禅のようにゆったり心を落ち着けて座ると、自分をふり返る素直さを取り戻せるのです。

みなさんも頭に血がのぼって興奮状態になったとき、まずはゆったり座る時間を持ってみましょう。そうすれば自分の誤りに素直に気づけるに違いありません。誤りを潔く認めれば、認めないで否定するより、相手から許してもらえる確率が高まります。

人を説得する原則❸

自分の誤りを直ちに快く認める。

人を説得する具体的な習慣

- うそを言わず、すべてガラスばりにして潔く生きよう。
- 相手から言われる前に謝ってしまう。
- 言い逃れをするのは無駄だと思おう。
- 頭に血がのぼったら、静かに座る。

4

【穏やかに話す】

かっとしたら、おでこに手を当てて深呼吸

◆話す内容より話し方のほうが重要

誰かと話し合って説得しなければならないとき、みなさんは話す内容と話し方とどちらが大事だと思いますか。

私の経験からいくと、話の内容以前に「その言い方はなんだ」「君のその態度が気に入らない」と話し方に反応してくる人が多いように思います。

ですからまず〝その言い方〟をソフトに和らげることが大事です。

基本は自分の機嫌《きげん》を「上機嫌」にセットすることです。気分のスイッチが「上機嫌」「ふつう」「不機嫌」の3つあったら、つねに「上機嫌」に合わせておきます。

多少相手に厳しめなことを言わなければならないときでも、ソフトな口調でニコニコしながら「いやあ、これはちょっとね、まあ、こうなっちゃったらちょっとまずい

んだけど、ああ、そうなんだ」と話せば、相手も何とか前向きに対処していこうという気持ちになります。

ところが不機嫌そうに「どういう神経してるんだ。いったい。こんなことやるか、ふつう」と言ってしまうと、責めたてている感じになります。相手は防御的になってしまうので、もうこちらの言うことを聞かず、完全に殻《から》に閉じこもってしまうのです。

ですから、まずは気持ちを上機嫌にセットして、穏やかな口調で話すのを心がけましょう。

◆ロックフェラーはなぜ組合員を説得できたのか

相手の心がささくれだっているときも、やさしい打ち解けた態度で話し合えば、相手の心を変えることができると、カーネギーは言います。

アメリカで巨万の富を築いたロックフェラー一族のジョン・ロックフェラーは、従業員たちの大ストライキに直面してしまいました。従業員たちは過激になり、ついには軍隊が登場して、流血騒ぎになるほどでした。

しかしロックフェラーは猛《たけ》りたつ従業員たちを説得して、鎮《しず》めることに成功したのです。どうやったのかというと、彼は組合側の代表者を集めて、友情あふれる友好的な口調で、穏やかに話しかけたのです。

「私はこの席に出たことを大変誇りに思います」「私たちは、見知らぬ他人ではなく、友人としてお会いしているわけです」「私は、我々の共通の利害につき、皆さんと話し合いたいと思います」などなど。

もしこのときロックフェラーが従業員たちと議論を戦わし、彼らを論破《ろんぱ》しようと弁じたてていたらどうなっていたでしょうか。火に油を注ぐ結果になったでしょう。

しかしロックフェラーは**あくまでも穏やかに、紳士的に、友情あふれる態度で彼らに接することで、彼らが主張してきた賃上げについては何もふれずに、そのまま各自の職場に返すことに成功したのです。**

◆気品を身につけると穏やかになる

ロックフェラーのように穏やかに話すのはマナーといってもいいでしょう。マナーとはがさつではないということです。マナーの進歩こそが文明化の過程であると、社会学者のノルベルト・エリアスは『文明化の過程』という本で書いています。

人間は野生のままだと攻撃的で、がさつで、怒りっぽい動物です。それを自制して、いきなり人を罵倒《ばとう》したり、殴りかかったりしないようにするのがマナーです。

法律ももちろんありますが、それ以前にマナーレベルがどれくらいできているかが、文化度の高さを示しています。

穏やかに話す人はマナーがよくて、気品があります。気品を身につけていくと、人間関係も穏やかになっていくので、相手も説得されやすいのです。

もちろん世の中にはスティーブ・ジョブズのように「おまえはクビだ！」と叫ぶような激しい人もいます。それは天才だから許されるのであって、私は不機嫌が許されるのは子どもと天才だけだと思っています。

天才でも子どもでもないみなさんが（もし天才の方がいたら許してください）、怒鳴り散らすだけの人だったら、ただの嫌われ者になってしまいます。そうならないよう注意しましょう。

自分が責められて、かっとなりそうになったときも、「穏やかに話す」を心がけてください。かっとなるスイッチが入ってしまうと、脳の扁桃体《へんとうたい》という部分が興奮して、戦闘態勢になってしまうそうです。

その興奮を鎮めるのが前頭葉《ぜんとうよう》の働きです。額《ひたい》に手を当てて、息を吸い、フーッとゆっくり吐きます。何回かやると落ち着いてくるので、「穏やかに話そう」と自分に言い聞かせましょう。

同じ内容を言うのでも、ソフトに言えば、互いにエスカレートせずにすみます。

ただし、ネチネチ言うと止まらなくなります。早めに話を切り上げるのがいいでしょう。ソフトなものの言い方で1回だけさらりと言うのがいちばんいいと思います。

◆北風と太陽の寓話が示すもの

穏やかに話す効用について、カーネギーはリンカーンの言葉を引用して説明しています。

「〝バケツ一杯の苦汁よりも一滴の蜂蜜のほうが多くのハエがとれる〟ということわざはいつの世にも正しい。**人間についても同じことが言える。もし相手を自分の意見に賛成させたければ、まず諸君が彼の味方だとわからせることだ。これこそ、人の心をとらえる一滴の蜂蜜であり、相手の理性に訴える最善の方法である**」

また『イソップ寓話』の北風と太陽の話も引用しています。太陽と北風のどちらが旅人のコートを脱がすことができるか賭けをします。

北風がビュービュー吹いても、旅人はコートを脱がなかったのに、太陽が優しく照らすとコートを脱いだという寓話です。力づくでやるより、穏やかに優しくしたほうが、相手に対して効果的だ、というたとえです。

最近、『イソップ寓話』を読んだことがない、という人がいて、めまいがしそうになることがあります。みなさんも社会に出るからには『イソップ寓話』くらい常識として知っておきましょう。

生きる知恵が楽しい寓話になってのっているので、たいへん役に立つ本です。

人を説得する原則❹

穏やかに話す。

人を説得する具体的な習慣

- 言い方をソフトにしよう。
- 気分は上機嫌にセットする。
- かっとしたら、おでこに手を当てて深呼吸。
- ネチネチ言わずに、早めに話を切り上げる習慣をつけよう。

5

【〃イエス〃と答えられる問題を選ぶ】

相手が「ノー」という問題は取り上げない

◆「イエス」しかない質問をする

人を説得したいとき、相手が「ノー」と言うような話題を取り上げてはいけません。それだと話が前に進まないからです。

いい人間関係を築くには、できるだけ「ノー」を言わせないで、「イエス」と言わせるよう持っていくのがコツです。

これは話の持っていき方の問題です。相手が「イエス」と言わざるを得ないような質問をしていって、「これはこうですよね？」「たしかにその通りです」「ではこれはこうですよね？」「はい、その通り」というふうに話を持っていくと、お互いに共感も高まります。

人というのは面白いもので、「イエス」「イエス」と言っていると、お互いに共感し合って共同作業を行っている感じになります。みなさんも仕事をするときは、相手が「イエス」と言うような質問を工夫したらいいと思います。

カーネギーは銀行の窓口係の「イエス・テクニック」を紹介しています。ある男性が預金口座を開くために窓口にやってきました。用紙に必要事項を記入してもらったのですが、親族に関する質問にはどうしても答えようとしません。

そこで窓口係はこう言ったのです。

「気に入らない質問には、しいてお答えになる必要はありません。しかし仮に預金をされたまま、あなたに万一のことがございましたら、どうなさいますか？　法的にあなたに一番近い親族の方が受け取れるようにしたくはありませんか？」

彼は「イエス」と答えました。窓口係は続けました。

「その場合、私どもが間違いなく迅速に手続きができるように、あなたの近親者のお名前をうかがっておくほうがいいとお思いになりませんか？」

彼は「イエス」と答えて、近親者に関する質問にも喜んで答えてくれたのです。

◆ソクラテス式問答法を応用する

ギリシャの哲学者ソクラテスは、相手から「イエス」という答えを引き出すような質問のしかたが得意でした。いわゆる「ソクラテス式問答《もんどう》法」といわれるやり方です。まず**相手が絶対に「イエス」と言わざるを得ない質問をします。次の質問でも「イエス」と言わせ、次々と「イエス」を言わせていくと、相手が気づいたときには、いつのまにか、自分が否定していた問題に、「イエス」と言ってしまっているのです。**

カーネギーはソクラテスのこのやり方について〝柔《じゅう》よく剛《ごう》を制す〟ということわざをあてはめています。

「ソクラテス式問答法」の一例を示しましょう。たとえば「正義についてあなたはこう言っていましたよね？」と過去の発言を引き合いに出します。「はい、そうです」と肯定したら、「ではこれはどうですか？　正義はこうですよね？」と別の「イエス」の質問をします。

「ああ、そうですね」「ということは、このときはこうなりますよね」とどんどん「イエス」をかぶせていき、「このときはこうですよね。じゃあこのときはこうなりますね」「あらっ？」という感じで、相手が自分の間違いに気づくというわけです。

このように相手が「イエス」と答える質問を選んでいくと、説得への展開がスムーズです。

「イエス」が出やすい質問というのもあって、「これはこうですよね」「そうですよね」と相手に共感を求めるような言い方をしていくといいでしょう。

あるいは断定せずに「AとB、どちらもよさがありますよね」「そうですね」「でもどちらかというと、この場合はAでしょうか。でもBもこういうよさがありますね」「そうですね」「まあ、どちらも捨てがたいけれど、どうかな。この場合に限定すればAですよね」「そうですね」という感じで進んでいけばいいのです。

実は「こうですよね」と共感を求める内容には多少の飛躍があってもかまいません。階段でいうと2段飛ばし、3段飛ばしくらいであっても「イエス」「イエス」と言っているうちに気持ちがよくなって、気がつかない場合が多いのです。

「イエス」の効用は相手を気分よくすることとです。若いみなさんにはこれを逆手にとって、相手を気持ちよくできるとっておきの方法があります。

それは「私はまだ経験が浅いもので」と言って、教えを請《こ》うことです。

ソクラテスも「私は自分が何も知らないということだけを知っている」と言ってい

るくらいですから、知らないことはたいへんな武器になります。

上司やお客さんに対しては、完全に自分のほうが下で、何も知らないという姿勢で、「これはどうでしょうか?」「こちらとどうでしょうか?」と聞いていけば、相手は「イエス」「イエス」と答えながら教えてくれて、たいへん気分よく会話が進められます。

人を説得する原則❺

相手が即座に〝イエス〟と答える問題を選ぶ。

人を説得する具体的な習慣

- 「イエス」としか答えられない質問を心がけよう。
- 「イエス」と答えさせて相手を気持ちよくさせよう。
- 「イエス」と言わせていれば、論理が飛躍しても大丈夫。
- 何も知らないことを武器にしよう。

6

【しゃべらせる】

相手7、自分3の割合で話してちょうどいい

◆相手にしゃべらせたほうが利益が大きい

相手を説得したいと思えば思うほど、つい多弁になってしまうのが常ですが、それは逆効果です。

22歳のみなさんに覚えておいていただきたいのは、人間というのはほとんどの人が自分のほうが話したがっているのだ、ということです。〝しゃべりたい欲求〟は多くの人が持っていて、聞き手にまわりたい人は少数派です。

カーネギーはこの欲望についてこう述べています。

「相手を説得しようとして、自分ばかりしゃべる人がいる。相手に十分しゃべらせるのだ。相手のことは相手が一番よく知っている。だから、その当人にしゃべらせることだ。

相手の言うことに異議をはさみたくなっても、我慢しなくてはいけない。相手が言いたいことをまだ持っている限り、こちらが何を言っても無駄だ。大きな気持ちで辛抱強く、しかも誠意を持って聞いてやる。そして、心おきなくしゃべらせてやるのだ」

この原則が見事に適用された驚くべき実例をカーネギーはあげています。

アメリカ屈指の自動車会社が内装用の生地を採用するために、織物メーカーを呼んでプレゼンをさせました。ところが、ある織物メーカーの代表が風邪でのどがつぶれて声が出なかったのです。

「私はのどをいためていて、声が出ません」というと、自動車会社の社長が面白がって、「それなら私が君にかわってしゃべってあげよう」とプレゼンシートを広げて説明を始めました。

意見や質問が出ると、社長は織物メーカーの代弁者として雄弁に語り、のどをいためた代表者はその横でただうなずいているだけでした。

その結果、何と生地の採用はその織物メーカーに決定しました。のどをいためた代表は「**自分でしゃべるよりも相手にしゃべらせたほうが利益が大きい場合があること**を初めて知った」と語ったのです。

◆成功者には苦労話を聞け

採用試験の面接で、このやり方を応用して、成功した例もカーネギーは紹介しています。ある男性が『ニューヨーク・ヘラルド・トリビューン』という新聞に応募したときのことです。

彼は事前に創業者である社長について詳しく調べておきました。そして面接のとき社長に「こういう立派な業種のある会社で働くことができれば本望だと思います。聞くところによりますと、二十八年前にほとんど無一文でこの会社をおはじめになったそうですが、本当でしょうか」とたずねました。

企業の創業者や成功者はたいへんな苦労をして、今の地位を築いています。過去の苦労話を聞くと、喜んで話したがる人が多いのです。社長は楽しそうに苦労話を聞かせたあと、彼の採用を決めたそうです。

これは相手にしゃべらせることによって好印象を得た例です。

みなさんも目上の人や社会的地位の高い人に会ったら、相手の人にどんどん話してもらいましょう。相手が人生の経験値が高い人だと、聞いているだけでもたいへん勉強になりますし、相手から好意を持ってもらえるメリットもあります。

◆自分が話しているときの時間感覚に注意

ついしゃべりたくなるのが、人間の本能ですから、それを修正するため、私は学生にボールゲームをやってもらっています。

4人一組になって、1人15秒以内で話をしてもらうのです。しゃべっている人はボールを持ち、話し終わったら次の人にボールを渡します。サッカーやバスケットでもボールをずっと持ったままで、誰にもパスしないと、嫌われてしまいます。会話も同じです。

最近はもっとわかりやすくするために、ペットボトルを真ん中に置くようにしました。それをマイクがわりに、ペットボトルを持っている間だけしゃべれます。すると長くしゃべっている人は「あれ？　自分が長くペットボトルを握り続けている。たいへんだ」と気がつくのです。

このやり方は、「自分が話している間、人は話せないのだ」ということが可視化できるので、とても効果的です。

私の印象では相手と自分が半々くらいしゃべったな、というときは、だいたい7対3くらいの割合で自分が多くしゃべっています。

自分が話しているときの時間感覚は狂っています。自分のほうが3くらいの感覚でおさえて話して、ようやく半々だと覚えておきましょう。

人を説得する原則❻

相手にしゃべらせる。

人を説得する具体的な習慣

- 自分がしゃべるより相手にしゃべらせる。
- 相手7、自分3くらいの割合でしゃべるのがちょうどいい。
- 成功者には苦労話を話させよう。
- しゃべりすぎる人はペットボトルを持って話す練習をしよう。

7

【思いつかせる】

いいアイデアが出てきたら盛大な拍手をしよう

◆その人が思いついたように誘導する

自分の意見を通したいとき、それを押しつけてはだめです。自分が相手に言ったというよりは、その人自身が思いついたような感じに持っていくと、相手をうまく説得できます。

どうやるのかというと、相手に暗示やヒントを与えるのです。

「君、そうじゃないよ。こうだよ」と一方的に押しつけると、たとえ「ああ、そうですか」と言ったとしても、本心では納得していません。

でもそれとなく「こうなんじゃないかな」とヒントを与えて、「あっ、これかもしれない」と相手に気づかせ、相手自身で結論を出させると、とてもうまくいきます。

私は教育学が専門なので、大学では教師になる学生を教えています。彼らによく言うのは、子どもに一方的に命令してはいけない、ということです。

たとえば子どもを指導するとき、すべて先生が命令して「Aをやって、Bをやって、CをやればDになるからね。はい、やってください」と言っても、子どもは少しも楽しくありません。

そうではなくて、「みんな、どうだろう？　Aをやったほうがいいと思う？」と聞いて「先生、それがいいと思うよ」と言ったら、「そうかもしれないね。じゃあ、やってみようね」と言ったほうが楽しい授業になります。

また、子どもが何か言ったときは、名前と意見をちゃんと黒板に書いてあげるといいでしょう。自分の名前入りで意見が書かれるわけですから、とても誇らしい気持ちになります。すると、子どもは自分で意見を言ったり、思いつくことを大事にするようになって、アイデアがどんどん生まれるようになります。

なお新しいアイデアが生まれたときは、拍手してほめる習慣をつけておくといいでしょう。日本人は議論や会議の最中、拍手する人はあまり多くありません。でもいいアイデアが出たら、惜しみなく拍手して盛り上げるようにすると、〝相手に思いつかせる技〟が向上します。

◆似た意見に反応する

とにかく人は押しつけられたり、命令されるのは嫌がります。それより自分で自主的に考えてやっているのだ、と思わせたほうが気持ちよく動きます。なぜかというと自分の意見や要求を聞いてもらえたと思うからです。

これからみなさんも自分で会議を主宰《しゅさい》したり、司会をつとめることもあるでしょう。そのとき、もし自分がこうしたいという考えや意見があったら、そちらに上手に誘導していく工夫が大切です。

自分が主導して、どんどん流れを引き寄せることもできますが、そうすると会議はしらけてしまいます。ですから、**自分の考えは言わずにみんなに意見を求めて、自分と似た意見が出たときだけ、「あ、それいいかもしれないですね」「それはいいですね。それについてどうですか?」などと反応するのがいいでしょう。**

すると、そこにアイデアがどんどん集まって、小さな木が立派な木に育つように、企画が育っていきます。

「みなさんのアイデアの結集により、このような素晴らしい企画ができあがりました。ありがとうございます」と感謝すれば、会議もひじょうに盛り上がるでしょう。

◆人に相談するふりをして誘導する

自分の意見を上手に通したいとき、セオドア・ルーズヴェルト大統領のやり方が参考になります。ルーズヴェルトは人に相談するという方法を取っています。

たとえば重要なポストにつく人間を任命するとき、自分の権限で決めてしまってもいいのですが、そうすると面白く思わない政治家のボスたちもいるでしょう。そこでルーズヴェルトは事前に政治家のボスたちに候補者について相談したのです。

最初に彼らが推薦したのは、ろくでもない人間でした。ルーズヴェルトは「この人物だと市民が承知しないだろう」と言ってしりぞけます。

次に彼らが推薦したのは、自分たちの言いなりになる事なかれ主義の役人でした。ルーズヴェルトは「もっと市民に納得のいく、適任者を探してほしい」と頼みます。

3番目にあげてきたのは、合格点に近いが、あとひと息という人物でした。ルーズヴェルトはボスたちに感謝して、「もう一度だけ、考え直してくれ」と頼みます。

すると4番目に、とうとうルーズヴェルトが意図した人物が推薦されました。ルーズヴェルトはボスたちに感謝して、その人物を任命しました。つまりボスたちに花を持たせてあげたのです。

そしてボスたちに恩を着せてこう言いました。

「私はあなた方に喜んでいただくために、この人物を任命しますが、次はあなた方が私を喜ばせてくださる番ですね」

ボスたちは喜んでルーズヴェルトのやり方に協力したそうです。

なかなか老獪《ろうかい》なやり方です。**ルーズヴェルトはボスたちに相談を持ちかけて、できるだけその意見を取り入れ、それが自分のアイデアだと相手に思わせて、自分に協力させてしまったのです。**

◆出世する人は自己主張が強くない

中国の老子《ろうし》はこう言っています。

「川や海が数知れぬ渓流《けいりゅう》の注ぐところとなるのは、身を低きに置くからである。そのゆえに、川や海はもろもろの渓流に君臨することができる。同様に、賢者は、人の上に立たんと欲すれば、人の下に身を置き、人の前に立たんと欲すれば、人の後ろに身を置く。かくして、賢者は人の上に立てども、人はその重みを感じることなく、人の前に立てども、人の心は傷つくことがない」

偉くなる人は「自分が」「自分が」と前に出ません。身を低いところに置いています。

私の同級生で、大きな会社の重役になったり、社長になる人たちがいますが、みな穏やかで、自己主張が強くありません。どんどん人に手柄を与えてしまう人たちです。だから周りにいる人たちが「いい上司だ」と思って、評価が高くなるのでしょう。出世したかったら、下手な自己主張をしない。覚えておきたいルールです。

人を説得する原則 ❼

相手に思いつかせる。

人を説得する具体的な習慣

- 相手にヒントや暗示を与えて思いつかせる。
- いい意見やアイデアが出たら拍手をしよう。
- 人に相談して自分の得たい答えに誘導する。
- 下手な自己主張をするより人に花を持たせよう。

8 【人の身になる】

人の行動には必ず理由があるもの

◆もし相手だったらどう感じるか

私たちは小さいころからずっと「相手の身になって考えなさい」と言われ続けてきました。みなさんは、このことを守れているでしょうか。人を説得する上で「相手の身になる」というのはとても重要なことです。

カーネギーは言っています。

「相手は間違っているかもしれないが、相手自身は、自分が間違っているとは決して思っていないのである。だから相手を非難してもはじまらない。非難は、どんな馬鹿者でもできる。理解することに努めなければならない。賢明な人間は、相手を理解しようと努める」と。

そしてこうも言っています。

「相手の考え、行動には、それぞれ、相当の理由があるはずだ。その理由を探し出さねばならない――そうすれば、相手の行動、相手の性格に対する鍵まで握ることができる」

相手の身になる、というのは、もし自分が相手だったら、どう感じて、どう反応するだろうか、と考えてみることです。そうすればより人を説得しやすくなります。「自分は相手じゃないから、相手の身になんてなれないよ」と思うかもしれませんが、まずは理解しようとつとめることが大事です。

たとえば外交問題を例に取りましょう。私たちはふだん日本国民として自国の国益を考えています。その立場からものを言うのに慣れているわけです。

でも「相手の国にも同じようにそれだけの理由があるのだ」と考えていくと、「相手の国がやっている行為はいいとは思わないけれど、その国の国民や政府からすれば、こうするしかないよね」という一定の理解が成り立ちます。

それを拒否してしまったのが戦争です。戦争は相手の立場をまったく理解せず、対話や説得を拒否した状態です。こうなってしまうのはお互いに悲しいことですから、絶対に避けなければいけないと思います。

◆理解できていないのがいちばんのストレス

私たちはつねに相手の行動の理由を探る習慣を身につけておかなければいけません。たとえばいつもドタキャンする人がいたとします。

その人に怒るのは簡単ですが、それでは人間関係が切れてしまいます。なぜこの人はドタキャンするのか。どんな理由があるのかを探っていくのです。それは決してドタキャンを肯定するわけではありません。

でも「この人は前もって何かを約束するのが苦手なタイプだ。そういう人なのだ」という理由がわかれば、「ならば前もって約束しなければいいのだ」という対処法もわかります。

たとえば、当日になって突然「来れる?」と誘って、来れたら呼ぶというスタンスにすれば、お互いよけいなストレスがかからないですみます。

みなさんの部署に嫌味たらたらの上司がいたとします。その人がしょっちゅう嫌味を言ってくるとしたら、その人を拒否する前に嫌味を言う理由を考えてみるのです。「この人は、ふだんみんなから相手にされていないので、嫌味を言ってみんなにかかわろうとしているんだな」とか「自分の論理力で人からリスペクトされたいと思っているのに、その結果、反対に人から嫌われているケースだな」などと分析できます。するると、上司が嫌味を言ってきても「はあはあ、またきたな。いつもの効果がない嫌味が」とか「これが定番だからね。またいつもの風景がきたということで、勝手に言わせておこう」などと余裕を持って対処できます。

理解できていない状態がいちばんストレスになるのですから、相手を理解しようとつとめるのは自分の精神衛生上でも役に立ちます。

ある夫婦の例をカーネギーはあげています。その家の妻はたいへんな手間をかけて庭の芝生の手入れをしていました。それなのに、夫は「手入れをしてもしなくても、いっこうに見た目がよくならないじゃないか」と言ってしまいます。

当然、妻はがっかりして、夫婦の間に重い空気が流れてしまいました。夫は反省して、妻の身になって考えてみたのです。そして妻がいかに楽しみながら、庭の手入れをしていたのかがわかります。

以来、夫はすすんで庭の手入れを手伝い、立派な芝生を育てた妻をほめそやしました。夫婦の間はとても円満になったということです。

相手の立場になって、物事を考えようとするだけで、相手との距離感が縮まって、ぐっと説得しやすくなります。ストレスのない、幸せな人生が送れるというわけです。

人を説得する原則❽

人の身になる。

人を説得する具体的な習慣

- もし相手だったらどう思うだろう、とつねに考えよう。
- 相手の行動の理由を考えるくせを身につけよう。
- 嫌な上司の行動パターンの理由を探ろう。

9

【同情を寄せる】

相手をやっつけるより、共感したほうがよほど愉快

◆敵意を善意に変える魔法の言葉

相手が否定的な感情を持っていて、反論してきそうなときでも、相手をたちまちおとなしくさせて、自分に好意を持たせてしまう魔法の言葉があるとしたら、みなさんはぜひ知りたいと思いませんか。

カーネギーはその言葉を教えています。

「あなたがそう思うのは、もっともです。もし私があなただったら、やはり、そう思うでしょう」

どんなに意地悪な人でも、最初にこんなふうに言われると、おとなしくなる、とカーネギーは言っています。

なぜなら「我々が交渉を持つ相手の四分の三は皆、同情に飢えている。それを与え

てやるのだ。好かれることはうけあい」だからです。

この場合の「同情」は「共感」と置き換えてもいいでしょう。

相手の考えや希望にちゃんと共感してあげると、相手の悪い感情が消滅して、こちらの言うことを聞いてやろうという気になるのです。

カーネギーがラジオ出演していたとき、リスナーから抗議を受ける誤りをおかしてしまいました。『若草物語』の作者オルコットについて間違った情報を流してしまったのです。なかでもある婦人から寄せられた手紙はひじょうにエキセントリックで、礼を失したものでした。

カーネギーは彼女に反論の返信を書こうとしましたが、「それはどんな馬鹿者にもできる。馬鹿者はたいていそうするものだ」と気がついて、婦人の敵意を好意に変えてみようと決心しました。

カーネギーは彼女に直接、電話をかけることにしたのですが、その前に自分自身にこう言い聞かせます。「もし私が彼女だったら、やはり彼女と同じように感じたに違いない」

そして懇切丁寧《こんせつていねい》な電話を女性にかけます。まず自分にわざわざ手紙をくれたお礼を述べ、次に自分のミスを謝って、最後に彼女の立場に共感を示したのです。

するとあんなに怒っていた相手もカーネギーに詫《わ》び、カーネギーの立場に共感してくれました。カーネギーはこう言っています。

「相手をやっつけるよりも、相手に好かれるほうが、よほど愉快である反論するより、相手に共感したほうがはるかに得が多いのです。」

◆ほめて共感してから要求を伝える

こちらの意見を聞かない人に対しては、ほめてから共感するという〝一歩上の共感〟もひじょうに効果的です。

カーネギーはピアノ教師の例を紹介しています。教え子の10代の少女は長い爪をしていて、ピアノの練習の邪魔になっていました。でも教え子は長く美しい爪が自慢でしたし、少女の母親もそう思っていました。

ピアノ教師がどうしたのかというと、まず少女の長い爪をほめたのです。

「あなたの手はとってもきれいだし、爪も素晴らしいわ」。そして「でもピアノの腕を上げたかったら、爪をもう少し短く切ってごらん」と、ピアノがうまくなる方法を示しました。

次のレッスンのとき、少女はきれいに爪を切ってきました。**ほめて共感を示してから、こちらの意図することを話すと、素直に聞いてもらえる**といういい例です。

アーサー・ゲイツという教育心理学の博士は、他者に共感することが大事だと説いています。

「人間は一般に、同情をほしがる。子供は傷口を見せたがる。時には同情を求めたいばかりに、自分から傷をつけることさえある。大人も同様だ」「不幸な自分に対して自己憐憫《れんびん》を感じたい気持ちは、程度の差こそあれ、誰にでもあるのだ」

同情して注目してもらいたいために、「こんなにひどいんだよ」と話すのはよくあることです。20代の人の自慢に多いのは「徹夜で資料をまとめた」とか「忙しくて3時間しか寝てないんだ」というものです。

「だから何なんだ」という話ですが、言ったほうは何かしら同情してくれとか、パフォーマンスが悪くても勘弁してくれ、という意味あいをこめています。そこは相手の気持ちをくみとって、共感してあげることです。

ただし、〝こんなにひどいんだよ〟と自慢を言うのは子どもっぽいふるまいだと覚えておきましょう。

私の周りにいる有能な人たちは、誰ひとり「忙しい」ということを言いません。忙しくても、それを言って同情を買うというメンタリティがないのだと思います。

しかしふつうはなかなかそこまで有能になれませんから、**少なくとも自分はそういうことで同情を求めないよう注意しつつ、周囲に「こんなにひどいんだよ」と同情を求めている人がいたら、「たいへんですね」と共感してあげましょう。**

◆共感力が社会をつくる

共感力は、社会を営む上ではひじょうに大切な要素になります。『国富論』で知られるアダム・スミスが書いた『道徳感情論』には、社会にとっていちばん大切なのは人に対する共感力である、と記してあります。

彼は「自由競争」を推進していますが、その場合の「自由競争」は「弱肉強食」ではありません。フェアプレイ精神で行け、ということです。「フェアプレイ精神」とは、相手の立場に立って、「こうされたら嫌だよね」ということはしないという意味です。

つまり**同情心や共感力が社会をつくっているというのがアダム・スミスの考えです。その見方は正しいと思います。ですからみなさんも、もし上司や先輩からされて「嫌だな」と思うことがあったら、同じことを同僚や後輩にはしないようにしましょう。**

間違っても「自分の新人時代はこんなもんじゃなかった」と、悪しき慣習を押しつけてはいけません。仕事ができなくて、たいへんそうな人を見ても、「いや、たいへんそうですね。わかります」と共感しながら、話を進めましょう。

人を説得する原則❾

相手の考えや希望に対して同情を寄せる。

人を説得する具体的な習慣

- どんな人も共感してもらいたがっている、と思おう。
- 反対意見を持つ人には「私があなただったら、やはりそう思います」という言葉を頭につけてから話そう。
- ほめてから、共感の気持ちを示すと、どんな人とでも仲よくなれる。
- 自分がされて嫌だと思うことを人にするのはやめよう。

10

【美しい心情に呼びかける】

ずるい人ほど紳士として扱おう

◆人は期待したようになっていく

みなさんはヴィクトル・ユーゴーの長編小説『レ・ミゼラブル』をご存じですか。主人公ジャン・ヴァルジャンは貧しさからパンを盗み、長い間、投獄されていた罪人です。やっと釈放されても、世間からは冷たくされるので、心がすさみきってしまいます。彼に優しくしてくれた神父さんにさえ、銀の食器を盗むという恩知らずの行動をとってしまうほどです。

しかし神父さんは彼をかばってくれました。警察にとらえられたジャン・ヴァルジャンに対して「彼は盗んだのではありません。食器は私があげたのです」とかばっただけでなく、さらに銀の燭台《しょくだい》まであげてしまいます。

神父さんの真心にふれ、ジャン・ヴァルジャンは改悛《かいしゅん》して、真人間《まにんげん》になっていくという物語です。

人は誰でも美しい心を持っています。そこに向かって呼びかけると、どんな人でも期待に応えたくなるものです。人を説得するにはこの方法もひとつです。

神父さんはジャン・ヴァルジャンにも美しい心があると信じていました。極悪人でさえ人から信頼されると、それに応えようとします。

「どうせ君にはできないだろう」とか「どうせミスするだろう」と言われると、やる気が失《う》せますが、「大丈夫だよね、君なら」「信頼してるよ」と言えば、それに応えようと頑張るのです。

私の知りあいで少年院に入った子どもたちを指導している人がいます。彼は子どもたちに「君たちはできるはずだ」「大丈夫だよ」と励まし続けるそうです。

最初、少年たちは本をうまく読めません。でも「こうやって練習してひとつずつ読んでいけば、読めるようになるんだよ」「君にはその力があるんだから」と言って、励ましていると、ちゃんと読めるようになるそうです。

誰もが向上したい、きちんとした人間になりたいと思っています。その心に働きか

けて、相手を信じるメッセージを送り続けると、相手も応えていくのです。

教育心理学では、「人間は期待された通りの成果を出す傾向がある」ことを「ピグマリオン効果」と呼んでいます。

ピグマリオンはギリシャ神話に出てくる彫刻家です。美しい女性の彫像に恋をして、人間になるよう祈り続けたところ、命のない石の彫像が、本物の人間になったという物語です。「ピグマリオン効果」という言葉はそこからとられています。

人間は期待されたように育っていく生き物です。相手に期待し、励ますグループと、否定的にとらえるグループにわけて学習効果をはかったところ、伸び率がまったく違ったという、教育心理学者のローゼンタールによる有名な実験から生まれたのが「ピグマリオン効果」という概念です。

信じて期待することがいかに大切かを証明している実験といえましょう。

◆代金を払わない客に気持ちよく払わせる

人が持つ美しい心に訴える方法として、カーネギーはある貴族のエピソードをあげています。

その貴族はあるとき、公開したくない自分の写真が新聞に出ているのを発見します。彼はこれ以上写真をのせないよう新聞社に手紙を出すのですが、「私の気に入らないから、あの写真は、以後、新聞に発表しないでくれ」とは書きませんでした。

彼は「あの写真は、もう新聞に発表しないでいただきたい――母が大変嫌がるものですから」と書いたのです。誰もが持っている母親に対する尊敬の念と愛情に訴えたのです。

このように相手の心に訴えかける言い方にはいろいろあります。カーネギーは自動車会社の集金のケースをあげて説明しています。

ある自動車会社で自動車の修理代を払わない客が6人いたそうです。彼らは修理代金の明細の一部について不当だといって、全額の支払いを拒否しているのです。

集金係は「自動車のことは、会社のほうが客よりもはるかによく知っている」「請求書は絶対に間違っていない」「だから修理代を今月中に支払ってほしい」と自らの正当性をふりかざして、正面からぶつかっていきました。

結果は客と激しい議論になって、誰ひとりとして代金を支払う人はいませんでした。

そこで別の人間が客のもとに向かいました。彼は、客に対して「会社側にも手落ちがあるかもしれないので、そちらの言い分を全部聞きたい」と言いました。そして客にすべてしゃべらせ、相手が冷静になったのをみはからって、次のように言ったのです。

「この請求書をあなた自身が訂正してください。あなたが私たちの社長になったつもりで訂正していただければ、その金額で取りはからわせていただきます」

すると6人の客のうち、1人を除いて5人がみな気持ちよく全額を支払ったのだそうです。そればかりか2年後にはこの6人の客全員から、新車の注文を受けました。

見事、客から修理代金を回収することに成功した男性はこう言っています。

「相手の信用状態が不明な時は、彼を立派な紳士と見なし、そのつもりで取引を進めると間違いがない」「**人間は誰でも正直で、義務を果たしたいと思っているのだ**」「**人をごまかすような人間でも、相手に心から信頼され、正直で公正な人物として扱われると、なかなか不正なことはできないものなのだ**」

もちろんこの手がすべての人に通用するわけではありません。世の中にはお金をごまかしたり、ちゃんと払おうとしない人もいるでしょう。そういう人にいろいろな手を使っても、効果があらわれなかったときに、この方法を一度試してみる価値があるとカーネギーは言っています。
みなさんも社会で理不尽な相手やずるい相手に応対しなければならない場合もあるでしょう。そんなとき、相手の心の奥底に語りかけるイメージでアプローチすると、こちらの言うことを聞いてくれることもある、と覚えておいてください。

人を説得する原則⑩

人の美しい心情に呼びかける。

人を説得する具体的な習慣

- 「君ならできる」「信じている」を口ぐせにする。
- ずるい人ほど紳士として扱おう。
- 相手の心の奥底に語りかけるイメージで話してみよう。

11

【演出を考える】

得意なIT技術を使って演出しよう

◆関心を引くには演出は必須である

人を説得するには、ある程度の演出も必要です。カーネギーは「現代は演出の時代である」と述べています。

「単に事実を述べるだけでは十分ではない。事実に動きを与え、興味を添えて演出しなければならない。興行的な手法を用いる必要がある。映画、ラジオ、テレビなど、皆この手法を使っている。人の注意を引くには、これによるのが何よりも有効だ」

カーネギーは1888年に生まれ、1955年に亡くなっていますが、当時の演出についての考察は、そっくりそのまま現代にも通じます。

たとえば私たちが日々見ているテレビのCMはほとんど全部が演出です。ビールや炭酸の飲み物は、さわやかでスカッとする演出がほどこされています。

車のCMもかつては美女とのセットが定番でした。「車を買うと、こういう美女と知り合いになれますよ」という暗示だったのでしょうか。

商品の魅力を説得するにはまさに見せ方、つまり演出しだいです。商品名を連呼してもあまり効果はありません。どのような演出をして消費者の心を引きつけ、商品を買うように仕向けるのか。膨大な費用と手間と知恵を使って、各社しのぎを削っているのです。

とくに優れたCMには、ひじょうにいい演出が含まれています。わずか15秒足らずの時間で、よくあれだけのものが伝えられるものだと感心してしまいます。私はCMは文化だと思っています。

みなさんもあえてCMに注目し、人を説得して商品を買わせてしまう演出のしかたを学ぶといいでしょう。「このCMをつくった人は才能があるなあ」「この演出はすごいな」というのを感じ取っていただけると、演出の勉強になると思います。

◆わざと床にお金を捨てて注意を引く

演出のノウハウはみなさんのビジネスの現場でも応用できます。カーネギーはこんな例をあげています。

スーパーで使うレジの機械を販売している男性がいました。彼が近所のスーパーに行くと、そこではまだ旧式のレジスターを使っていました。

さっそく彼は店主のところに行ってこう言いました。

「あなたのお店では、お客さんが一人カウンターを通るたびに、金を捨てているようなものですよ」

彼は実際に床に小銭をひとつかみ、目の前で捨ててみせたのです。

お金がチャリーンと落ちる音に店主は敏感に反応しました。即座に仕事の手を止めて、彼の説明に聞き入りました。そしてこの店の古いレジをすべて新しい機械に入れ替える契約をしたのです。

もし言葉だけの説明だったら、店主はここまで真剣に彼の話を聞いたでしょうか。もしかしたら、「今、忙しいから」と彼を追い払ってしまったかもしれません。お金を床に捨てるという思い切った〝演出〟が抜群の説得力を与えたのです。

お金を捨てる演出で私が思い出したことがあります。ドストエフスキーの大作『カラマーゾフの兄弟』でそういう場面が出てきます。ある大尉《たいい》がカラマーゾフ家の長男ドミートリイからとても侮辱《ぶじょく》的な仕打ちを受けます。

もうしわけなく思ったドミートリイの弟のアリョーシャが大尉に、お詫びのお金を渡そうとします。大尉はお金に困っていましたので、いったんお金を受け取りますが、思い直します。

そして「これから手品をお見せします」と言って、その金を地面にたたきつけ、足で踏みにじるのです。

これを読んだとき、私はいかにもロシア文学らしい大仰《おおぎょう》な表現だなと思いました。やることがいちいち過剰で、大げさです。

「このお金は受け取れません」と言って、ふつうに返せばいいのに、地面にたたきつけて足で踏みにじるのですから、なんたる過剰な演出でしょうか。この演出で大尉の怒りや拒絶がドッと吹き出し、相手の度肝《どぎも》を抜いてしまいます。

「おまえの汚い金なんか受け取れるか」という怒りがひしひしと伝わってくる、説得力のある演出ではありませんか。

◆今こそ得意なICT技術を活かすとき

私は学校の授業に説得力をつけるためにも、演出が必要だと思っています。授業はつまらないもの、という先入観がありますが、演出として予告編的なものを流してから授業に入ると、学ぶほうのやる気も高まるのではないでしょうか。

私は大学で教師をめざす学生を教えていますので、各教科について授業の予告編をつくってくるよう課題を出します。するととんでもなく素晴らしい説得力のある予告編が集まるのです。

まるで映画の予告編のように、映像と音楽で盛り上がり、「そのとき、追い込まれた秀吉はどうしたか!!」などとテロップが流れます。予告編を見るだけでワクワクしてきて、本編が知りたくなります。

今の若い人は、映像や音楽を駆使して、こうした作品をつくるのにたけています。ですからみなさんも、ＩＣＴ（Information and Communication Technology＝情報通信技術）の技術を使って、会議やプレゼン資料をつくってみてはどうでしょうか。

年配の上司から「よくこんなのがつくれるね」と感心されるに違いありません。

プレゼンや提案など、何かをより説得力がある存在として見せたいときは、ぜひ演出的な手法を考えてみてください。

手書きのプリントも、時に、インパクトがあります。

人を説得する原則⓫

演出を考える。

人を説得する具体的な習慣

- 注意を引きたかったら、演出を加えてもいいので、インパクト重視で。
- テレビのＣＭに注目して演出のノウハウを学ぼう。
- 音楽と映像を駆使した仕事の予告編をつくろう。

12

【対抗意識を刺激する】

何でもゲーム化して遊びに変えると、人生は楽しくなる

◆ゲーム化すると喜んでやる

人を説得するには、対抗意識を刺激するのも効果があります。

鉄鋼王のアンドリュー・カーネギーに抜擢《ばってき》されたチャールズ・シュワッブは、業績のあがらない工場を、ある方法を用いて生産率第一位の工場にしました。

その方法とは工員たちの対抗意識を刺激することでした。昼のシフトの工員と夜勤の工員たちで、何回鋳物《いもの》を流したか、回数を競争させたのです。昼勤組と夜勤組は互いに鋳物を流す回数を競い合い、作業の能率を上げたために、工場の業績はどんどん上がっていったのです。

シュワッブはこう言っています。

「仕事には競争心が大切である。あくどい金儲けの競争ではなく、他人よりも優れた

いという競争心を利用すべきである」

ファイアストン・ゴム会社の創設者も似たような発言をしています。

「給料さえ出せば人が集まり、人材が確保できるとは限らない。ゲームの精神を取り入れることが必要だ」

人に負けたくないという対抗意識を刺激されると、人はついつい頑張ってしまうものです。そこを上手に利用しましょう。

私にも経験があります。大学で採点ミスをチェックするという作業をやることがあります。すでに採点された入試の答案をチームでチェックしていくのです。

みな黙々とやっているのですが、一日中やっているのでだんだん単調になってきます。そこで私のグループは、単純なその作業を、採点ミスを何個見つけられるかというゲームに変えてしまったのです。ひとつでも多くミスを見つけられた人が勝ちです。すると「3つ目、見つけました!」「おおーっ!」「4つ目、見つけました!」「おおーっ!」と、誰かがミスを発見するたびに、いちいち歓声が上がって、たいへん面白いゲームになりました。

もっとミスがないかな、とみんなより真剣になって間違いを探すので、ふつうでは見逃してしまうミスもちゃんと見つけられるのです。いちばん多くミスを見つけた人には拍手したりしていたので、「そこ、うるさいですよ」とほかのグループから注意されるくらい、盛り上がってしまいました。

みなさんも、誰かに退屈な仕事をしてもらわなければならないときは、仕事をゲームにしてしまうと、やっているときも面白いし、能率もあがります。

◆成功者は負けず嫌いである

対抗意識を刺激するという意味では、ビジネスはスポーツやゲームに似ています。私の友人で、ビジネスでひじょうに成功している人間がいます。その人は自分でつくった会社を上場させてしまうくらい成功していますが、彼が学生時代だったころを思い出してみると、ひじょうに負けず嫌いで、スポーツやゲームが異常に強かったのです。

たしかに勝負に勝とうという人は、ビジネスの場でも強さを発揮するものです。

バスケットボールのチームにヨガの行者みたいな人が一人入っていて、「私は勝つことに執着しません」と言っていたとしたら、そのチームは勝てる気がしません。

スポーツでもゲームでも、どんなことにも「絶対に勝ちたい」という負けず嫌いの精神がビジネスにも反映されるのです。

カーネギーはこう言っています。

「成功者は皆ゲームが好きだ。自己表現の機会が与えられるからだ。存分に腕をふるって相手に打ち勝つ機会、これが、いろいろな競争や競技を成立させる。優位を占めたい欲求、重要感を得たい願望、これを刺激するのだ」

競争心があるのは悪いこととは限りません。仕事をゲームと考え、相手に勝とうとして競い合うのは面白いことです。

ゲームをして楽しめるのは人間だけの特権です。オランダの歴史学者ヨハン・ホイジンガは『ホモ・ルーデンス』という本の中で、「人間は遊ぶから人間なのだ」と言っています。「ホモ・ルーデンス」とは「遊ぶ人」という意味です。

動物も遊ばないことはありませんが、人間のように複雑にゲーム化して遊ぶことはできません。ゲーム化された高度なものがビジネスだとすると、ゲームをして遊んだり、勝ちを競い合うのは決して不真面目なことではありません。

みなさんもふだんからいろいろなことをゲーム化して、勝ちを競う習慣を身につけておくといいでしょう。たとえば通勤のとき、出会った人の必ず右側をすり抜けていくとか、今日は右にしか曲がってはいけないというルールを決めて、ゲームにしていくのも面白いと思います。
こうした負けず嫌いの対抗意識は、上手に使えば、自分を向上させるだけでなく、人に何かをやらせたり、仕事の能率をあげたいときにも役立つのです。

人を説得する原則⑫

対抗意識を刺激する。

人を説得する具体的な習慣

- 仕事をゲームにして勝ちを競い合おう。
- 負けず嫌いの精神を磨いておく。
- 通勤の途中も自分がつくったゲームで遊ぼう。

第四章

人を変える9原則

①【まずほめる】

ほめて、ほめて、ほめまくれば、人間関係はうまくいく

◆〝ほめるが勝ち〟で人間関係を円滑に

人を変えたいと思うとき、まずほめるのがいいとカーネギーは言っています。

私たちは批判したり、されたりすることには慣れていますが、積極的にほめる行為をあまりやってきませんでした。人をほめると、何か損をしたような気になる人もいるくらいです。

そもそも日本人はほかの国の人に比べて「自己肯定力」が低いと言われています。それはほめる習慣があまりないことと関連しているのだと思います。

でも人は、誰でもけなされるより、ほめられたほうが気分がいいに決まっています。ミュージシャンの井上陽水《いのうえようすい》さんが新しいアルバムを出したとき、「悪いところは自分でわかっているので、もっとほめてほしい」と発言しています。

井上陽水さんクラスだと、その才能を絶賛され続けてきたと思いますが、それでも「もっとほめてほしい」と思うのですから、私たちのような凡人は、みなほめてもらうことに飢えていると言ってもいいでしょう。

この欲求を満たしてあげるのが、人を変えるコツです。

人をほめて、悪いことは何も起きません。むしろ人間関係が円滑《えんかつ》になる効用のほうが大きいと思っておきましょう。

とくにこちらから相手に何かを要求したいときや、相手に苦言を言って改めてもらいたいときは、まず初めにほめるというのが鉄則です。

カーネギーはこう言っています。

「まず相手をほめておくのは、歯科医がまず局部麻酔をするのによく似ている。もちろん、あとでがりがりとやられるが、麻酔はその痛みを消してくれる」

このやり方をビジネスに応用した実例を、カーネギーはあげています。

フィラデルフィアの建設会社がビルの建設工事を請け負っていました。順調に工事が進んでいたのですが、竣工《しゅんこう》の一歩手前で、建物の外装に使う装飾の部材が期日までに間に合わないことが判明したのです。

先方にかけあってみましたが、まったくらちがあきません。そこで担当者が先方の会社まで出向き、社長と直接交渉してくることになりました。

社長に会うなり、担当者は社長の珍しい名前について話題にしました。そして社長の祖先がオランダから移り住んで成功したという一族の自慢の歴史に、熱心に耳を傾けたのです。

さらに工場や設備についてほめそやし、社長をすっかりいい気分にさせました。するとと社長は自らすすんで「他の注文は遅らせても、あなたのほうはきっと間に合わせますから」と言ってくれたのです。

担当者はただ社長をほめそやしただけで、部材の納入を急いでほしいという本来の用件にひと言もふれませんでした。それでも相手が自らこちらの要求に応じてきたのです。

もしこれが、「期日に間に合わないとはどういうことだ！」と強硬に出ていたら、このような結果になったでしょうか。

◆「気づき」がほめる力の基本

このようにほめる効用は大きいのですから、日常的にほめる習慣を身につけておいたほうがいいでしょう。これは習慣の問題なので、やり続けるしかありません。

私は大学の授業で、学生に「1週間、徹底的にほめてくること」という課題を出したことがあります。するとひじょうに評判がよかったのです。

家でも、バイト先でも、友だち同士でも、ほめて、ほめて、ほめまくるようにしたら、人間関係が急によくなった、と学生たちは口々に感想を述べあいました。

22歳のみなさんもいろいろな人をとにかくほめて、ほめて、ほめまくるという課題を毎日の習慣にしてみるといいと思います。何もしなくても相手がこちらの思い通りに動いてくれて、人間関係がびっくりするほどよくなることうけあいです。

そのさい注意しなければならない点がひとつあります。前にもふれましたが、「ほめる」と「お世辞《せじ》を言う」は、まったく違うという点です。「ほめる」は心がこもっていますが、「お世辞」は表面的で心がこもっていません。

お世辞を言ってもすぐ相手に気づかれてしまうので、みなさんは「本当にそう思う」ということだけをほめましょう。

するとほ**「ほめるところなんか、ないじゃないか」と言う人も出てくるかもしれませんが、それは見つけるのです。発見するという気づきこそが、ほめる力の基本です。**

気づくためには細部を見ていくといいでしょう。私はビートたけしさんとテレビで共演したとき、彼が監督した映画『アウトレイジ』の冒頭シーンをほめました。

それはピカピカに磨かれた車の車体に夜の風景が映り込むシーンでした。あのワンシーンを見るだけで、映画の世界観やこれから始まる物語が浮かび上がってきます。「あのワンシーン、よかったですね」とほめると、たけしさんは「そうなんだよね」と饒舌《じょうぜつ》に映画の裏話や苦労を語ってくれました。

みなさんも映画を見たとき、面白い映画のときはもちろんですが、たとえつまらない映画でも、細部に注目して「あのワンシーンはよかったな」とほめるところを見つけるようにしましょう。そうすれば細部に気づく力が磨けますし、映画を見た時間もむだにはなりません。

映画評論家の淀川長治《よどがわながはる》さんは、長年テレビの『日曜洋画劇場』の解説をされていました。彼はどんな映画でもほめることで有名でした。ほめるところがまったくない映画でも、映像に出てきたトイレをほめたことがあったそうです。ここまで気づけるようになれば、「ほめるものがない！」と困ることはありません。

ほめる力がないのは、気づく能力が低いことですから、細部を見るよう心がけ、気

づく習慣を身につけてください。

ネットのレビューには批判と同じくらいほめ言葉もあふれているので、「この細部を見て、こんなにほめている人がいるんだな」と感じるだけでも、気づく能力が磨かれてくるでしょう。

◆ワンランク上のほめ方とは

「ほめ」にはワンランク上のほめ方があります。22歳のみなさんは、ぜひこの大人のほめ方を覚えておくといいでしょう。**それは相手がもっともエネルギーを注いだところをほめる方法です。**

「ここはすごくいいですね。苦労されたんじゃないですか」などと言うと、向こうも「そうです。そこをつくるのが本当にたいへんだったんです」と身を乗り出してくるでしょう。エネルギーをかけたところに気づいてもらえると、そこから会話がすごく盛り上がります。

社会人になったら、惜しみなくほめる習慣を持つと同時に、ワンランク上のほめ方ができる人間をめざしてください。そうすると、相手はあなたに好意を持ってくれるので、あなたの思い通りに変えるのもそれほど難しくありません。

人を変える原則❶

まずほめる。

人を変える具体的な習慣

- 人を見たらほめまくろう。
- 偉い人もどんどんほめよう。
- 要求を出すときは最初に相手をほめてからにしよう。
- 人をほめて、ほめて、ほめまくる1週間をつくる。
- 細かいところに気づくくせをつける。
- ネットのレビューでほめるポイントを研究しよう。
- 相手がいちばんエネルギーを注いだところを見つけよう。

2

【遠まわしに注意を与える】

「イエス」「ノー」「イエス」のサンドイッチ方式がおすすめ

◆先まわりして礼を言う

ある経営者が工場を見まわっていると、禁煙エリアの表示がある場所で従業員たちがタバコを吸っていました。ふつうなら「ここは禁煙だぞ。あの字が読めないのか」と言ってしまいそうです。

でもその経営者は賢明でした。一人ひとりに葉巻を与え、「さあみんな、これをあげるから外に出て吸ってきなさい」と優しく言ったのです。

従業員たちは自分たちがルールを破っている後ろめたい気持ちがあった上に、高価な葉巻までもらってしまったのですから、恐縮していました。以来、禁煙エリアでタバコを吸わなくなったのは、いうまでもありません。

これはカーネギーがあげている実例ですが、似たような例は私たちの周りにもあります。トイレに「いつもきれいにお使いいただき、ありがとうございます」と張り紙が貼ってある例などです。

これらは遠まわしに注意しているわけですが、「きれいに使ってください」と命令されるより、ずっと気分よく従う気になれます。

◆サンドイッチ方式がおすすめ

「人の気持ちや態度を変えようとする場合、ほんの一言の違いが、成功と失敗の分かれ目になることがある」とカーネギーは書いています。

たとえば人を批判するとき、最初にほめるのはいいとして、次に「しかし」という言葉をはさんで批判してしまう人が多いのです。これはよくありません。

「君は接客態度はいいんだが、しかし商品知識が全然なってないよ」などと言われると、けなされたとしか受け取れないのです。最初のほめ言葉も、結局、責めるための前置きだったのかとさえ思ってしまいます。

カーネギーは「しかし」を「そして」に変えるようアドバイスしています。

「君は接客態度はすごくいいよ。そして商品知識もつければもっといいよ」

こんなふうに言われれば、期待にこたえてもっと頑張ろうという気になるではありませんか。

私がよく使うのは、弁護士の方から教わった「イエス」「ノー」「イエス」方式です。**ほめて、そのあとさりげなく注意をして、またほめるという〝サンドイッチ〟のやり方です。**

「この部分の出来はとてもいいですね。でもここをもう少しこんなふうに変えると、もっといいかもしれませんね。でも方向性としては、全然問題ないと思います」と最後を肯定で終わらせると、全体が肯定されたような印象になります。


カーネギーは遠まわしに注意を与える方法としてこんな例も紹介しています。ある人が演説用の原稿を書いて、妻に読んできかせます。演説はまったく面白くない内容でした。

しかし妻は「面白くないわ」とは言いませんでした。かわりに『北米評論』にお出しになれば、きっといい論文になるでしょう」と言ったのです。暗に演説としては向かないとほのめかしたのです。

この〝ほのめかし戦術〟もなかなか品のいいやり方です。

今の社会では頭ごなしに「こうだからやめてほしい」という言い方は通用しないと

思ったほうがいいでしょう。相手は自分の考えを変えるどころか、人間関係に角が立ってしまいます。いきなり自己主張してけんかを始めるのは子どもだけです。

社会に出たみなさんは、人の気持ちを悪くさせない程度に、遠まわしに要望して相手に変わってもらうのが、賢い大人のやり方だと心得ておきましょう。

人を変える原則②

遠まわしに注意を与える。

人を変える具体的な習慣

- 「～してくれてありがとう」と先まわりして礼を言おう。
- 「しかし」ではなく「そして」を使う。
- 「イエス」「ノー」「イエス」のサンドイッチ方式をマスターしよう。
- 頭ごなしに「ノー」というくせはなくす。
- ほのめかし戦術を心がけよう。

3

失敗談は笑い話に変えると、大ウケする

【自分の過ちを話す】

◆自分の失敗談をオープンにする

人を注意するとき、自分の失敗談を最初に話して、それから間違いを指摘すると、相手は穏やかな気持ちで改めてくれる、ということをカーネギーは言っています。

あるとき、カーネギーは自分の姪《めい》を秘書として雇い入れました。姪は社会経験がまったくなかったので、ミスばかりくり返していました。カーネギーは姪を注意しようとしましたが、思いとどまります。

なぜなら自分も姪と同じくらいの年ごろのとき、ミスばかりしていたのを思い出したからです。そこでカーネギーはこう言いました。

「私の若い頃にくらべれば、今の君のほうがよほどましだ。私はずいぶんへまをやった覚えがあるから、君に小言を言う気にはなれないが、どうだろう——こんなふうに

してみては……」

こんなふうにオープンに自分の過ちを話した上で注意すれば、相手は共感を持ってあなたの指示や指摘を受け止めてくれるでしょう。

◆ネガティブをポジティブに変えてみる

しかし自分の失敗談をオープンにするのは恥ずかしいという思う人もいます。その恥ずかしさに打ち勝つために、私は大学の授業で「ネガティブ自慢」というのをやってもらったことがあります。

これは4人一組になって、自分のネガティブなことを思い切り自慢してもらうというものです。自分は時間にルーズだとか、神経質すぎるというようなことを自慢話に変えて話してもらうのです。

もともと短所は長所の裏返しですから、時間にルーズなのはおおらかともいえます。神経質なのは慎重と言い換えられますし、見ようによってはきちんとしているともいえます。

そうやってネガティブ自慢をしてもらったら、授業が終わったあと、みんな元気になって、すっきりしたという感想がたくさん寄せられました。

みなさんもネガティブなことをポジティブに自慢するくせをつけて、自分の過ちについてオープンに言える心の大きさを身につけるといいでしょう。

要するに「オープンであれ」ということです。体がオープンになると気持ちもオープンになりますので、私は軽くジャンプすることをおすすめしています。

そして息を深く吐いて人に対すると、やわらかい態度で接することができます。

「絶対、自分は間違っていません」「自分の失敗談を人に言うのなんて絶対嫌です」などと自分を守ろうとすると、心がかたくなってしまうので、相手の気持ちを動かすことはできません。

でも「実は先日、やらかしてしまいまして」と包み隠さず自分を出して、やわらかい心で接すれば、相手もやわらかくなるというわけです。

大切なのは失敗しないことではなく、失敗から何を学んだかということです。

みなさんも就活のさいにはエントリーシートを書いたと思いますが、あれで重視されるのは、ずっと順風満帆《じゅんぷうまんぱん》でやってきたという実績ではなく、むしろ失敗から何を学んで、どう修正してきたかという試行錯誤の歴史です。

人は過ちをおかす存在です。その過ちを隠蔽《いんぺい》して、「なかったこと」にするのではなく、堂々と人に話せるくらい、多くを学んで生かすほうが大切なのです。

人を変える原則❸

まず自分の誤りを話したあと相手に注意する。

人を変える具体的な習慣

- 失敗談をすすんで話す。
- ネガティブなことをポジティブに自慢してみる。
- やわらかい体と心で接するようにしよう。
- 軽くジャンプするとやわらかい態度になれる。
- 失敗から必ず学びを得よう。

4

【命令をしない】

命令形を質問形に変えるだけで好印象に

◆いきなり命令しない

「押しつけがましい命令は、あとにしこりを残す」とカーネギーは言っています。

みなさんも、たとえ上司であっても、頭ごなしに命令する上司の言うことはあまり聞きたくないのではないでしょうか。

いきなり命令して失敗した教師のケースをカーネギーは紹介しています。

学生の一人が駐車違反をして、作業場の入り口をふさいでしまいました。すると教師が「入り口に置いてある車は誰のだ!」と教室に怒鳴り込んできたのです。所有者の学生が手を上げると、教師は金切り声を出して「今すぐ車をどけろ!」と叫びました。

その日からこの学生は教師に反抗的になったばかりか、同じクラスの学生まで全員が教師に反発してきたといいます。

こういうときは**命令を質問の形に変えると、気持ちよく受け入れられる**とカーネギーは言っています。

先生は「あの車をのけてくれたら、他の車の出入りが楽になるのだが、どうだろう」と言えばよかったのです。そうすれば、学生は喜んで車を動かしたし、ほかの学生たちの反発を買うこともなかったでしょう。

◆相談すると意見が集まる

命令を質問の形に変えると、相手がその通りに動いてくれるだけでなく、創造性を発揮することもあるとカーネギーは指摘し、その例を示しています。

南アフリカのある小さな工場で、ひじょうに大きな注文が取れそうになりました。しかしすでに工場は予定がびっしりで、その注文を受けても納期が守れそうにありません。

工場長がどうしたのかというと、従業員に残業・休日業務を命じたのではなく、彼らに質問したのです。

今、とても大きな注文が取れそうなこと。みんなには負担増になりそうなこと。でも注文を受けて、納期がきちんと守れたら、従業員にとっても、会社にとっても、大きな利益があることを説明し、この注文を引き受けるべきかどうか質問しました。

「この注文をさばく方法があるのか？」

「納期に間に合わせるには、どんなやり方があるか？」

「作業時間や人員配置をどうしたらよいか？」

従業員たちは次々にアイデアを出して、この注文を引き受けるべきだと言ったのです。会社は注文を引き受け、従業員たちは積極的に協力して、納期は守られたということです。


命令するのではなく、質問して、相談を持ちかけることで、いろいろな意見が集まってきます。それらをとりまとめると、みんなでやったという感じになって、盛り上がります。


「命令が出される過程に何らかの形で参画すれば、誰でもその命令を守る気になる」とカーネギーは言います。

みなさんも将来部下を動かすとき、いきなり命令するのではなく、「これをどうしたらいいのだろう？」「これはどうでしょうか？」と質問して、意見を求めていくと、気持ちよくみんなの協力が得られます。

◆質問するのは礼儀である

相手にどれくらい質問するかは、人間関係でとても大事なことです。相手に対して質問をまったくしない人は独善的と受け取られてもしかたありません。自己中心的な人は相手に質問できないのです。

質問とは、実は自分が聞いてもらいたいから、相手に聞いてみるというケースもよくあります。ですからお返しの質問が大切です。

たとえば「昨日、何してた?」と聞かれて、ひとまず自分のことを話したあと、「それで、あなたはどうしてたの?」とお返しの質問をするのです。聞かれたら、また聞き返して、相互のやりとりがあるのがいいのです。

その意味で質問は「礼儀」だと思うといいでしょう。礼儀ですから、相手が聞かれたくないことを質問してはいけません。「この人はこれを聞いてもらいたいのだな」ということをうまく質問するだけで、どんどん話が盛り上がります。

相手の話を引き出すような質問をするためには質問をメモする練習をするといいでしょう。質問力を鍛えるために、私は質問だけのメモをつくるようすすめています。

人の発表やプレゼン、会議のさい、内容をメモするのではなく、質問だけのメモをつくっていくのです。

すると、相手から「何か質問は？」と言われたときに、さっと手をあげて質問できます。メモにはいくつも質問が書かれていますから、その中でいちばんいいものを質問すれば、ひじょうに的《まと》を射《い》たものになるでしょう。「こいつはデキるな」という印象を与えることうけあいです。

人を変える原則❹

命令をせず、意見を求める。

人を変える具体的な習慣

- ●命令形を質問形で言うように習慣づける。
- ●相談する形でもちかける方法も覚えよう。
- ●お返しの質問は必ずする。
- ●質問だけのメモをつくろう。

5

【顔をつぶさない】

メンツを立てれば、ブタも木にのぼる

◆人に恥をかかすな

人は誰でも自尊心を持っています。それを踏みにじってはいけません。カーネギーは**相手に何かをしてもらいたいときは、相手の顔を立てることが大切だ**、と言っています。

わかりやすく言うと、人前で相手に恥をかかせないということです。カーネギーは2つの対照的な例をあげて、このことを説明しています。

ひとつはペンシルバニアのある会社で起きた話です。生産会議の席で副社長が工場主任を痛烈に批判しました。主任はひじょうに優秀な社員でしたが、みんなの前で恥をかかされたので、会社をやめてしまいます。

そして競争相手の会社に入り、大活躍しているそうです。

もうひとつはその反対の例です。ある女性が入社以来、初めての大仕事を命じられました。新商品のテスト販売という大事な仕事です。しかし商品企画の段階でたいへんな不備が見つかって、テスト販売をすべてやり直ししなければならなくなったのです。

会議に出席するとき、彼女は震えが止まりませんでした。上司から糾弾《きゅうだん》されるのは目に見えています。同僚の男性たちからは「だから女には無理なんだ」と言われるに違いありません。

しかしミスを報告した彼女に対して、上司はその労をねぎらい、新しい企画にミスはつきものだと述べたのです。そして彼女が失敗したのは能力不足ではなく、経験不足だと全員の前で言ったのです。

以後、彼女が上司の期待にそむくまいと、最大の努力をしてパフォーマンスを発揮したのは言うまでもありません。

「たとえ自分が正しく、相手が絶対に間違っていても、その顔をつぶすことは、相手の自尊心を傷つけるだけに終わる」とカーネギーは言います。

そして『星の王子さま』で有名な作家のサン＝テグジュペリの言葉を紹介しています。

「相手の自己評価を傷つけ、自己嫌悪におちいらせるようなことを言ったり、したりする権利は私にはない。大切なことは、相手を私がどう評価するかではなくて、相手が自分自身をどう評価するかである。相手の人間としての尊厳を傷つけることは犯罪なのだ」

相手の自己評価を傷つけてはいけない、つまり相手のメンツをつぶすな。つぶすのは犯罪なのだ、とまでサン＝テグジュペリは言い切ります。メンツとはそれくらい大切なものだと肝《きも》に銘《めい》じておきましょう。

◆お互いにメンツを大切にしよう

今の若い人たちはみな繊細です。自分が傷つけられることにみな敏感ですから、お互いにメンツを立てるようつねに意識したほうがいいでしょう。

極端な話、会社に入ったからには、もう誰も批判せずに一生を終えるくらいの気持ちでいたほうがいいのです。

孔子《こうし》も「己《おのれ》の欲《ほっ》せざるところは人に施《ほどこ》す勿《なか》れ」と言っています。**自分が顔を立ててもらいたかったら、つねに相手の顔も立てなさいということです。**

みなさんも同僚や知り合いと飲みに行く場合があるでしょう。相手があまりお金を持っていないときに「そちらはお金がないでしょうから、私のほうでおごります」とあからさまに言ってしまうと、相手の顔をつぶすことになります。

そこは上手に「まあ、交代交代ということで、今回は私が出させていただくので、次回はそちらでということで」と言っておくと、相手の顔をつぶさずに上手に処理できるでしょう。メンツを立ててやれば、人はちゃんと動いてくれます。

人を変える原則❺

顔を立てる。

人を変える具体的な習慣

- 人に恥をかかすようなことは言わない、やらない。
- 誰も批判せずに一生を終える覚悟で。
- 自分が顔を立ててもらいたかったら、相手の顔も立てる。

6

【わずかなことでもほめる】

ほめ言葉で凡人を偉人に変えよう

◆偉人を育てたほめ言葉

ちょっとしたほめ言葉で、人の人生が激変してしまうことがあります。『クリスマス・キャロル』を書いたイギリスの作家チャールズ・ディケンズは極貧《ごくひん》の家で育ちました。たった4年間しか学校に行くことができず、工場で奴隷のように働かされていました。

しかし彼はせっせと小説を書き、出版社に送り続けました。ついにある編集者から認められ、活字になったことが彼の人生を劇的に変えたのです。もし、彼が編集者からほめられることがなかったら、一生穴倉のようなところで生活していたかもしれません。ほめ言葉が彼の人生を一変させたのです。

『透明人間』『タイムマシン』などSF小説で知られるイギリスの作家H・G・ウェ

ルズも貧乏な家庭で育ちました。織物商店でこき使われるのに耐えきれなくなり、メイドをしていた母を頼って逃げ出したこともあったそうです。

彼を認めてくれたのは母校の校長先生でした。校長先生は、「頭脳明晰《めいせき》な君には知的な仕事が向く」と言って、教師の職を用意してくれたのです。「この賞賛は、少年の将来を一変させ、英文学史上に不滅の功績を残させた」とカーネギーは書いています。

ほめ言葉は人を偉人に変えてしまうくらいものすごく威力があるということです。

エジソンの母親も彼のことを信じて、ほめ続けた人でした。学校の先生がエジソンを「この子はどうしようもない馬鹿だ」と言ってきたときも、「うちの子は馬鹿ではありません」と憤慨して、学校をやめさせ、自分で勉強を教えたくらいです。

エジソンは母親のおかげで、自信を失わずに勉強を続けることができました。もし母親が学校の先生と一緒になって、「ほんとにおまえはだめな子だね」とけなしていたら、発明王エジソンは存在しなかったでしょう。

◆励ましが人を育てる

ほめると人が変わるという原則はビジネスにも応用できるとカーネギーは言ってい

ます。ある印刷会社で新人の従業員が職場になじめず、孤立していました。社長は新人が印刷した印刷物がよくできているのを見て、「こんな立派なものをつくれる社員は、この会社の誇りだ」とほめたたえました。

彼は自信をつけ、忠実で献身的な社員になったということです。この場合、社長はお世辞《せじ》を言ったのではありません。新人が刷った印刷物のどこが優れているのか、はっきり説明したのです。だからほめ言葉が意味を持って相手の心に伝わったのです。

カーネギーはこう言います。

「誰でもほめてもらうことはうれしい。だが、その言葉が具体性を持っていてはじめて誠意のこもった言葉、つまり、ただ相手を喜ばせるための口先だけのものでない言葉として、相手の気持ちをじかに揺さぶるのである」

どこかいいところがあったら、その一部でも拡大してほめてあげることです。その言葉が人を伸ばします。 22歳のみなさんはどちらかというと励ましてもらうほうかもしれませんが、みなさんのほうからも、どんどんほめてあげてください。

これはお互いさまのことです。

アメリカの心理学者ウィリアム・ジェイムズはこう言っています。

「我々の持つ可能性にくらべると、現実の我々は、まだその半分の完成度にも達していない。我々は、肉体的・精神的資質のごく一部分しか活用していないのだ。概して言えば、人間は、自分の限界よりも、ずっとせまい範囲内で生きているにすぎず、いろいろな能力を使いこなせないままに放置しているのである」

私たちはまだ使いこなせていない能力をたくさん持っています。それを引き出すのがほめ言葉であり、励ましです。カーネギーのこの言葉をよく覚えておきましょう。

「批判によって人間の能力はしぼみ、励ましによって花開く」

人を変える原則❻

わずかなことでも惜しみなく心からほめる。

人を変える具体的な習慣

- 一部だけでも拡大して惜しみなくほめよう。
- ほめるときは具体的に。

7

【期待をかける】

期待するが、実は期待しないのがいちばん疲れない

◆相手を素晴らしいものとして扱う

期待をかけると、人は変わるという例を、カーネギーはシンデレラのように変身した貧しい娘の例をひいて説明しています。

あるところに〝皿洗いのマリー〟と呼ばれている娘がいました。

以前、調理場の皿洗いをしていたからそう呼ばれていたのですが、このあだ名からもわかるように、彼女は不器量な上に化粧や服装にも気をつかっていない、見るからに貧相《ひんそう》な女性でした。

でもあるマダムから「あなたは自分の中に素晴らしい宝物を持っているのに、気づいてないのよ」と言われてびっくりします。そしてマダムの言葉を信じきって、自分を大切にするようになるのです。

娘はやがてコック長の甥《おい》と結婚することになりました。マダムのところにお礼に来た娘は「私はレディーになります」と宣言したそうです。マダムからかけられた期待が、貧しい娘を変身させたのです。

このように期待をかけてあげることはとても大事です。カーネギーも「どこかいいところを見つけて、それに敬意を表してやると、たいていの者はこちらの思いどおりについてくる」という汽車製造会社の社長の言葉を引用しています。シェイクスピアも「徳はなくても、徳あるごとくふるまえ」と言っています。

先まわりして、こうなったらいいなという期待を、すでにそうなっていることにして、相手に接していると、自然に相手もそうなっていく、ということです。

シュタイナー教育で知られる教育学者ルドルフ・シュタイナーも似たようなことを言っています。相手をこれから育っていく種としてとらえると、期待感をこめて接することができるというのです。

たとえば「字が整っているね」と言い続ければ、自然に字が整ってきます。授業中姿勢が悪い子に「背筋がピンと伸びてるね」と言えば、一日すっと背筋を伸ばしています。

これは逆の方向にも使えます。会うやいなや「お疲れですね」「顔色、悪いですね」と言われれば、本当に具合が悪い気がしてきます。

英語のことわざに「犬を殺すには狂犬呼ばわりすればよい」というものがあります。人と会うなり「お疲れですね」「顔色、悪いですね」と言っても、ネガティブな効用しかないのですから、同じ挨拶をするなら「いつも若々しいですね」とか「お元気そうですね」などと期待をかける言葉を言ったほうがいいでしょう。

お互いに気をつかいながら、期待をかけるのは社会の礼儀だと思います。

◆期待をかけるが期待しすぎない

みなさんもあと2、3年もすると自分の下に新人が入ってきます。あっという間に指導する立場になるわけです。

そのとき大切なのが、相手に期待をかけるということです。そのコツは、相手のこれからの姿をイメージして、未来を先取りし、事実のように話すことだと思います。

なぜなら人は期待されたように育っていくからです。

そして万一期待はずれになっても、動じないようにしておく準備も大切です。一見矛盾するようですが、ベースでは人に期待しすぎてはいけません。たとえ期待通りにならなくても、「裏切られた」とか「期待はずれだ」とか、ひどい場合は「許せない」などと言い出さないことです。「裏切られた」と怒るのは、勝手に相手に期待しすぎただけであって、自分が幼稚だっただけです。

人に期待する言葉をかけてはあげますが、ベースではそのことに依存しない姿勢が大切です。「期待をかける」とは、あえてその人のために先取りして、望ましい未来を言ってあげるという意味でとらえたらいいでしょう。

人を変える原則❼

期待をかける。

人を変える具体的な習慣

- 会話では「お疲れですね」などマイナスなことは言わない。
- いいところを見つけたら、期待をこめてほめるようにする。
- あたかもそうなっているように接してあげよう。

8

【激励する】

人を励ます言葉をプレゼントに

◆激励が劣等生を優等生に変えた

みなさんも今までいろいろな励ましの言葉を受けて、ここまで来られたのではないでしょうか。励ましのひと言ほど、人を変え、奮い立たせるものはありません。カーネギーの本には驚くべき実例が紹介されています。

あるところに自動車事故で頭に大怪我をして、額《ひたい》にひどい傷跡が残った少年がいました。彼は掛け算の九九が覚えられず、字もろくに読めませんでした。そのため学校では特別なクラスに入れられ、同じ年齢の子どもより2学年も遅れていました。しかも額の傷のために〝フランケンシュタイン〟というあだ名までつけられていたのです。

彼は15歳のとき、離婚した父親のほうに引き取られます。父親は彼がラジオやテレビをいじるのが好きなことに気づきます。「夢はエンジニアになること」という息子に父親は「技術者になるには数学が必要だよ」と話します。

そして少年を励まして、足し算、掛け算の基礎から勉強を教え始めました。彼が正しい答えを出すたびに、抱きしめたり、大喜びしたり。そうやって励ましているうちに、少年はメキメキと力をつけてきました。

数学はもちろん、国語や理科などほかの教科の成績も急速に伸び、何と理科のコンクールでは、市で3等賞に選ばれるほど上達したのです。

このことがきっかけで自信をつけた少年は、奮起して勉強した結果、ついには高校生のとき、全国優等生協会のメンバーに選ばれたということです。

植物に太陽の光が当たって、ぐんぐん成長するように、励ましの言葉が少年の能力を開花させたのです。

◆励ましの言葉を惜しみなくプレゼント

今、何かの職業についている人は、どこかで励まされたひと言でその道を選んだという人も多くいます。

文章を書く仕事についている人は、子どものころ作文をほめられたことがあるのかもしれません。アナウンサーになっている人も「朗読がうまいね」とか「声がいいね」

と言われてこの道をめざした人が多いようです。

才能が開花するきっかけは、たいてい誰かの激励にあります。ですから、みなさんも励ましの言葉はどんどんかけてあげましょう。

人を励ますのはそれほど難しいことではありません。お互いに激励を習慣にしておけば、自信がついて、仕事もうまくいきますし、思わぬ人生が開けることもあります。励まして悪いことはひとつもないので、どんどん人を励ます言葉をプレゼントとして手渡すようにすると、人間関係が楽しくなります。

人を変える原則❽

激励して、能力に自信を持たせる。

人を変える具体的な習慣

- 励ましの言葉が人の才能を開花させる。
- 人を励ます言葉をプレゼントしよう。

9

【喜んで協力させる】

バトナがあると、交渉が有利に進められる

◆子どもだましが意外に効果的

人が喜んで自分に協力してくれたら、こんなに素晴らしいことはありません。

そのためのいろいろな方法をカーネギーは紹介しています。

たとえばある店で商品には必ず正札《しょうふだ》をつけることになっていたのに、係の女子店員はこのルールをまったく守りませんでした。

そのため、値段がわからず店は混乱して、お客さんから苦情が出ました。経営者は何度も女子店員に注意したのですが、あまり効き目はありません。そこで彼女を呼んでこう言ったのです。

「今日からあなたを当店全部の正札係の主任になってもらうことにしました。しっかり頼みますよ」

新しい肩書をもらった女子店員ははりきって自分の任務を遂行し、正札が徹底されるようになったということです。

ナポレオン一世も同じようなことをやりました。兵士たちのモチベーションをあげるため、自分の軍隊を「大陸軍」と命名し、勲章をやたらとばらまいたり、指揮官に「元帥《げんすい》」の称号を与えたりしたのです。兵士たちは喜んで地位と責任に応えようとしました。

まるで子どもだましのようですが、ナポレオン一世はこう答えています。「人間は玩具に支配される」。意外と簡単なことで、人は喜んで協力してくれるようになるのです。

◆協力させる6つの条件

人を喜んで協力させるために、カーネギーは次の6つの条件をあげています。

1　誠実であれ。守れない約束はするな。自分の利益は忘れ、相手の利益だけを考えよ。

2　相手に期待する協力は何か、明確に把握せよ。

3　相手の身になれ。相手の真の望みは何か？

4　あなたに協力すれば相手にどんな利益があるか？
5　望みどおりの利益を相手に与えよ。
6　人に物を頼む場合、その頼みが相手の利益にもなると気づくように話せ。

6つの条件はつきつめていうと、相手にとってどんな利益が得られるのか、明確にしろ、ということだと思います。しかし**これらの条件を満たしているからといって、必ず喜んで協力してもらえるとは限りません。ただ満たさなかった場合よりは成功の確率が高くなるでしょう。**

みなさんも仕事で周囲から協力をもらいたいときは、これら6つの条件を思い出し、戦略的に動くことが大切です。

◆「利益」「オプション」「バトナ」が重要

相手に利益を示すのは交渉術の基本です。一般的に**交渉には「利益」「オプション」「バトナ」が必要といわれています。**この3つについて説明しましょう。

まず交渉には、「利益」を最大限拡大して見せることが重要です。あなたにとっての利益は、これも、あれも、あんなこともありますよ、というように、ふつうは利益と思われないようなものまでもカウントして、最大化して示すのがポイントです。

こうすることで、「協力すれば多大な利益が得られるのだ」と相手に思わせるのです。


「オプション（選択肢）」を増やしていくことも大切です。「これこれの条件が希望ですが、無理な場合はこの条件だったらどうでしょう」とか「日時はこれとこれとこれがあります」など選択肢が多いほうが、相手は交渉に応じやすくなります。

私は講演や取材の依頼が多いのですが、「何月何日の何時から一時間だけ」などピンポイントで指定されることがあります。しかしその時間に大学で授業が入っていれば、まったく対応できません。

オプションがなければ、交渉のしようもないのです。「この日がだめなら、こちらの日時でいかがですか」といったオプションが必要です。


「バトナ（BATNA）」とはBest Alternative To a Negotiated Agreementの略で、交渉がうまくいかなくなったときの最善の別の選択肢を意味しています。

つまりその交渉が不成立であっても、別の選択肢があるわけですから、これがあると余裕を持って交渉に臨めます。交渉は余裕があるほうが有利です。「もうあなたしかいません」などと余裕がないことを言ってはいけません。

「まあよかったら、どうですか。まあ断られてもいいですけどね。また機会があれば」くらいの感じで臨むほうが、うまくいきます。

相手に協力を求めるときは、交渉術を意識して、「利益」「オプション」「バトナ」を忘れないようにするといいと思います。

人を変える原則❾

喜んで協力させる。

人を変える具体的な習慣

- 子どもだましのご褒美《ほうび》でも試してみる価値はある。
- 協力してもらうには利益をたくさん見せよう。
- オプションを用意する。
- 「バトナ」を決めておくと余裕が持てる。

おわりに

この本の著者デール・カーネギーは1953年夏、世界旅行の最後に、夫妻で日本に立ち寄っています。そして「日本で印象の深かったものは?」と聞かれて、「日本人です」と答えています。

当時の日本といえば、戦後間もないころで、資源もない、物もない、何もない国でした。それでも夫妻が日本人にいい印象を持ったとすれば、私たちは先人に誇りを持っていいのではないかと思います。

昔から日本人には節度があって、物腰もやわらかく、あまり自己主張もせず、粘り強く自分の義務を果たす民族でした。カーネギーの『人を動かす』はアメリカで発達した成功の原理ですが、よく読んでみると、案外これは和風だな、という感じがします。

結局、日本人が昔からやってきたソフトな人間関係のつくり方がアメリカでも成功の原理だったわけで、そう考えると、私たちが培《つちか》ってきた日本の人間関係のあり方は悪くないものだったと、わかっていただけると思います。

ですから、この本は自分の中にあるものを再発見するという考えで読んでいただけるといいでしょう。

欧米と比べて決して今の自分を否定する必要はありません。この本を読んで「足りないもの」を見つけるのではなく、「これならもうできている」「これもできている」というものを見つけて、改めて自信を持っていただければいいなと思います。

【付録】『人を動かす』名言集

カーネギーの本には自身の言葉だけでなく、世界の偉人、各界の名士、学者など数多くの名言が登場します。彼が集めた名言を読むだけでも、教えられる点がたくさんあります。ここでは原著『人を動かす』に登場する名言を紹介します。

◆人を動かすための名言

・「偉人は、小人物の扱い方によって、その偉大さを示す」
……トーマス・カーライル（歴史家）

・「私に最も必要な栄養物は、自己評価を高めてくれる言葉だ」
……アルフレッド・ラント（舞台演出家）

・「深い思いやりから出る感謝の言葉を振りまきながら日々を過ごす——これが、友をつくり、人を動かす秘訣である」
……デール・カーネギー

・「人を動かす唯一の方法は、その人の好むものを問題にし、それを手に入れる方法を教えてやることだ。これを忘れては、人を動かすことはおぼつかない」

……デール・カーネギー

・「成功に秘訣というものがあるとすれば、それは、他人の立場を理解し、自分の立場と同時に、他人の立場からも物事を見ることのできる能力である」

……ヘンリー・フォード（実業家）

◆人に好かれるための名言

・「友を得るには、相手の関心を引こうとするよりも、相手に純粋な関心を寄せることだ」

……デール・カーネギー

・「他人のことに関心を持たない人は、苦難の人生を歩まねばならず、他人に対しても大きな迷惑をかける。人間のあらゆる失敗はそういう人たちの間から生まれる」

……アルフレッド・アドラー（心理学者）

・「笑顔の効果は強力である。たとえその笑顔が目に見えなくても、効果に変わりがない」
……デール・カーネギー

・「およそ、人は、幸福になろうとする決心の強さに応じて幸福になれるものだ」
……エイブラハム・リンカーン（政治家）

・「冷たい会社を温かくするには、一つの方法がある。人の名前を覚えることだ。重役たちの中には名前が覚えられないという人もいるが、つまりは重要な仕事が覚えられない、すなわち仕事の基礎ができていないことを告白しているのだ」
……ベントン・ラヴ（実業家）

・「商談には特に秘訣などというものはない……ただ、相手の話に耳を傾けることが大切だ。どんなお世辞にも、これほどの効果はない」
……チャールズ・エリオット（大学総長）

・「人と話をする時は、その人自身のことを話題にせよ。そうすれば、相手は何時間でもこちらの話を聞いてくれる」
……ベンジャミン・ディズレーリ（政治家）

◆人を説得するための名言

・「議論に勝つ最善の方法は、この世にただ一つしかないという結論に達した。その方法とは——議論を避けることだった。毒ヘビや地雷を避けるように議論を避けるのだ」
……デール・カーネギー

・「憎しみは、憎しみをもってしては永久に消えない。愛をもってしてはじめて消える」……釈尊

・「人に物を教えることはできない。自ら気づく手助けができるだけだ」
……ガリレオ・ガリレイ（天文学者）

・「私の知っていることは一つだけだ——自分が何も知っていないということ」
……ソクラテス（哲学者）

・「人を判断する場合、私はその人自身の主義・主張によって判断することにしている——私自身の主義・主張によってではなく」
……マーティン・ルーサー・キング（黒人解放運動指導者）

・「最初は、相手に〝イエス〟と言わせるような問題ばかりを取り上げ、できるだけ〝ノー〟と言わせないようにしておく」

……デール・カーネギー

・「敵をつくりたければ、友に勝つがいい。味方をつくりたければ、友に勝たせるがいい」

……ラ・ロシュフーコー（哲学者）

・「人から押しつけられた意見よりも、自分で思いついた意見のほうを、我々は、はるかに大切にするものである。すると、人に自分の意見を押しつけようとするのは、そもそも間違いだと言える。暗示を与えて、結論は相手に出させるほうが、よほど利口だ」

……デール・カーネギー

・「口論や悪感情を消滅させ、相手に善意を持たせて、あなたの言うことを、大人しく聞かせる魔法の文句を披露しよう――『あなたがそう思うのは、もっともです。もし私があなただったら、やはり、そう思うでしょう』。こう言って話をはじめるのだ」

……デール・カーネギー

・「相手をやっつけるよりも、相手に好かれるほうが、よほど愉快である」
……デール・カーネギー

・「人間は一般に、同情をほしがる」「不幸な自分に対して自己憐憫を感じたい気持ちは、程度の差こそあれ、誰にでもあるのだ」
……アーサー・ゲイツ（教育学者）

・「仕事には競争心が大切である。あくどい金儲けの競争ではなく、他人よりも優れたいという競争心を利用すべきである」
……チャールズ・シュワッブ（実業家）

◆人を変えるための名言

・「まず相手をほめておくのは、歯科医がまず局部麻酔をするのによく似ている。もちろん、あとでがりがりとやられるが、麻酔はその痛みを消してくれる」
……デール・カーネギー

・「命令を質問の形に変えると、気持ちよく受け入れられるばかりか、相手に創造性を発揮させることもある。命令が出される過程に何らかの形で参画すれば、誰でもその命令を守る気になる」

……デール・カーネギー

・「批判によって人間の能力はしぼみ、励ましによって花開く」

……デール・カーネギー

・「どこかいいところを見つけて、それに敬意を表してやると、たいていの者はこちらの思いどおりについてくる」

……サミュエル・ヴォークレーン（実業家）

・「徳はなくても、徳あるごとくふるまえ」

……ウィリアム・シェイクスピア（劇作家）

・「相手の能力をこちらは信じているのだと知らせてやるのだ。そうすれば相手は、自分の優秀さを示そうと懸命に頑張る」

……デール・カーネギー

齋藤孝（さいとう　たかし）

1960年静岡県生まれ。明治大学文学部教授。東京大学法学部卒。専門は教育学、身体論、コミュニケーション論。『身体感覚を取り戻す』（NHK出版）で新潮学芸賞受賞。『声に出して読みたい日本語』（草思社）で毎日出版文化賞特別賞を受賞。同シリーズは260万部のベストセラーになり、日本語ブームを巻き起こした。主な著書に『読書力』『コミュニケーション力』（以上、岩波書店）、『語彙力こそが教養である』（KADOKAWA）、『大人の語彙力ノート』（SBクリエイティブ）、『言いたいことが一度で伝わる論理的日本語』『50歳からの名著入門』（以上、海竜社）等がある。著書累計発行部数は1000万部を超える。TBSテレビ「新・情報7daysニュースキャスター」、日本テレビ「世界一受けたい授業」等テレビ出演も多数。NHK Eテレ「にほんごであそぼ」総合指導。

22歳《さい》からの社会人《しゃかいじん》になる教室《きょうしつ》①
齋藤孝《さいとうたかし》が読《よ》む カーネギー『人《ひと》を動《うご》かす』

2019年3月10日　第1版第1刷発行

著　者　齋藤孝
発行者　矢部敬一
発行所　株式会社 創元社
〈本　社〉〒541-0047　大阪市中央区淡路町4-3-6
電話06-6231-9010㈹
〈東京支店〉〒101-0051　東京都千代田区神田神保町1-2 田辺ビル
電話03-6811-0662㈹
〈ホームページ〉https://www.sogensha.co.jp/

企画・編集　書籍情報社
編集協力　辻由美子
ブックデザイン　上野かおる　中島佳那子
印　刷　図書印刷

ISBN978-4-422-10123-1 C0311

創元社刊●カーネギー関連書

新装版 人を動かす　D・カーネギー著、山口博訳 (電)(オ)(特)(文)

新装版 道は開ける　D・カーネギー著、香山晶訳 (電)(オ)(特)(文)

新装版 カーネギー話し方入門　D・カーネギー著、市野安雄訳 (電)(文)

新装版 カーネギー名言集　ドロシー・カーネギー編、神島康訳 (文)

新装版 カーネギー人生論　D・カーネギー著、山口博・香山晶訳 (文)

新装版 リーダーになるために　D・カーネギー協会編、山本徳源訳

新装版 自己を伸ばす　A・ペル著、香山晶訳

新装版 人を生かす組織　D・カーネギー協会編、原一男訳

セールス・アドバンテージ　D・カーネギー協会編、J・O・クロムほか著、山本望訳

D・カーネギー・トレーニング　パンポテンシア編

13歳からの「人を動かす」　ドナ・カーネギー著、山岡朋子訳

人を動かす2——デジタル時代の人間関係の原則　D・カーネギー協会編、片山陽子訳 (電)(オ)

マンガで読み解く 人を動かす　D・カーネギー原作、歩川友紀脚本、青野渚・福丸サクヤ漫画 (電)

マンガで読み解く 道は開ける　D・カーネギー原作、歩川友紀脚本、青野渚・たかうま創・永井博華漫画 (電)

マンガで読み解く カーネギー話し方入門　D・カーネギー原作、歩川友紀脚本、青野渚漫画 (電)

（(電)＝電子書籍版、(オ)＝オーディオCD版、(特)＝特装版、(文)＝文庫版もあります）